星球绅士化

[英]洛蕾塔·李斯　[韩]申铉邦　[智]欧内斯托·洛佩兹·莫拉莱斯　著

宋伟轩　黄幸　郭嘉颖　译

蔡世珍　徐昀　唐昭沛　校

中国建筑工业出版社

著作权合同登记图字：01—2022—5676号

图书在版编目（CIP）数据

星球绅士化 /（英）洛蕾塔·李斯,（韩）申铉邦,（智）欧内斯托·洛佩兹·莫拉莱斯著；宋伟轩，黄幸，郭嘉颖译 . —北京：中国建筑工业出版社，2022.6
书名原文：Planetary Gentrification
ISBN 978-7-112-27335-5

Ⅰ . ①星… Ⅱ . ①洛… ②申… ③欧… ④宋… ⑤黄… ⑥郭… Ⅲ . ①中等资产阶级—研究 Ⅳ . ① D013

中国版本图书馆 CIP 数据核字（2022）第 066218 号

Planetary Gentrification（1st Edition）by Loretta Lees，Hyun Bang Shin & Ernesto López-Morales，ISBN 9780745671642
Copyright © Loretta Lees，Hyun Bang Shin and Ernesto López-Morales，2016
Translation copyright © China Architecture & Building Press
This edition is published by arrangement with Polity Press Ltd.，Cambridge

责任编辑：段宁　焦扬
责任校对：芦欣甜

星球绅士化

[英]洛蕾塔·李斯　[韩]申铉邦　[智]欧内斯托·洛佩兹·莫拉莱斯　著
宋伟轩　黄幸　郭嘉颖　译
蔡世珍　徐昀　唐昭沛　校

*

中国建筑工业出版社出版、发行（北京海淀三里河路9号）
各地新华书店、建筑书店经销
北京点击世代文化传媒有限公司制版
河北鹏润印刷有限公司印刷

*

开本：880毫米×1230毫米　1/32　印张：7⅜　字数：182千字
2022年9月第一版　　2022年9月第一次印刷
定价：48.00元
ISBN 978-7-112-27335-5
（39516）

版权所有　翻印必究
如有印装质量问题，可寄本社图书出版中心退换
（邮政编码 100037）

本书受国家自然科学基金面上项目（42171234；41871116；41771184）、国家自然科学青年基金项目（41701175）和广东省基础与应用基础研究基金项目（2021A1515011553）资助。

感谢谷浩、刘成、毛培、李晓丽、马雨竹、陈艳如、余思奇、何格、赵晓彤等在本书翻译和校对中给予的帮助。

目录

1 引言   1

2 **新型城市化**   23
    进一步凝练，还是越过表象延伸概念内涵？   27
    星球城市化背景下的绅士化现象   30
    全球郊区化与周边城市的发展   37
    新城市主义、再城市化和绅士化   42
    小结   45

3 **新经济学**   49
    绅士化与全球经济   52
    绅士化与地租   56
    面向全球租差的比较城市主义   58
    污名与贬值   63
    地租理论的复兴   66
    空间资本与绅士化   68
    后危机时代的绅士化   70
    小结   72

4 全球绅士化群体：阶级、资本、政府　　75

政治　　80

生活方式与消费　　85

历史保护：绅士化群体主导还是国家主导？　　90

小结　　96

5 全球绅士化蓝图？　　99

绅士化／城市再生模式　　104

绅士化政策　　110

小结　　122

6 贫民窟的绅士化　　125

当代贫民窟冲突背景下的绅士化争论　　129

孟买贫民窟或亚洲最大贫民窟的绅士化　　133

中国内地的棚户区改造和绅士化　　137

从奥林匹克效应到"贫民窟时尚"：里约热内卢　　139

从墨西哥到南非：非正规地区的绅士化　　143

居住的权利：被驱逐者与定居者的叛乱　　146

小结　　149

7 巨型绅士化与置换动迁　　153

大规模置换动迁：南方世界城市化的先决条件？　　156

基础设施建设和绅士化　　158

巨型绅士化，南方世界的国家与城市积累　　160

中国城市的巨型绅士化　　165

南方世界的隐蔽型置换动迁	168
大规模动迁：一个南方世界的现象？	172
小结	174

8 结语   177

我们有什么收获	184
从南方和东方到北方和西方	186
对星球绅士化的反抗	192
星球绅士化的替代	195

参考文献   **199**

致谢

我们阅读了大量世界各地早期和近期关于绅士化和城市化的著作,因此,写这本书是一次很有启发的经历。2012年3月和4月在伦敦和智利圣地亚哥分别举办了一系列关于全球绅士化的研讨会,这个项目在研讨会上得到了推动。我们要感谢这些研讨会的所有参与者,特别是Hilda Herzer,她在2012年不幸去世之前,最初参与了这个比较项目。非常感谢城市研究基金(Urban Studies Foundation)和《城市研究》(*Urban Studies*)期刊为这些活动提供经费。感谢所有图片提供者。

我们的个人致谢如下。

洛蕾塔·李斯:我要感谢David Ley,他在最近访问英国期间就全球绅士化问题进行了讨论;感谢Jenny Robinson激发了我对比较城市主义的兴趣;Sandra Annunziata,感谢你和我一起参与Marie Curie关于抵制南欧城市绅士化的项目;感谢我过去和现在的博士生,他们对全球各地绅士化开展研究。同时感谢Tom Slater和Elvin Wyly一直以来的支持。特别感谢我的爱人David,以及我的女儿Meg和Alice,在我写书的时候,他们不得不离开我。感谢Hyun和Ernesto,你们是很棒的合作伙伴。

申铉邦:我要感谢所有邀请我在不同场合演讲的同事,他们为我写这本书提供了关键的灵感。特别感谢Soo-hyun Kim和Bae-Gyoon Park,感谢他们对这项工作的持续关注和支持；还要感谢我以前和现在的学生，感谢他们倾听我的批评。本书的部分内容还得到了韩国政府资助的国立韩国研究财团（The National Research Foundation of Korea Grant, NRF-2014S1A3A2044551）的支持。特别感谢洛蕾塔和欧内斯托，他们的团结和奉献为这本书提供了迫切需要的推动力。最重要的是，我要向我的爱人Soo-Jeong表达最深的爱和感激，在我起草这本书的过程中，她给予了爱和耐心，并且一如既往地为我的研究提供灵感。

欧内斯托·洛佩兹·莫拉莱斯：我要感谢社会冲突与凝聚力研究中心（COES, Centre for Social Conflict and Cohesion Studies, CONICYT/FONDAP/15130009）和争议性城市项目（Contested Cities Project, People Marie Curie Actions Projects, Code: PIRSES-GA-2012-318944），他们对资助书中介绍的几个案例研究提供了帮助。特别感谢我的朋友、同事和智利大学的学生们，他们对我的工作给予了支持和明智的批评。还要感谢鼓励我的合作伙伴Ignacia，我的儿子Martín，特别是共同作者洛蕾塔和申铉邦，感谢他们将这个合作项目提升到最高水平。

1
引 言

众所周知,"绅士化"(gentrification)概念是由英国社会学家 Ruth Glass 于 1964 年在《伦敦:变化的诸多方面》London: Aspects of Change 一书中提出的:

伦敦众多工人阶级居住区相继被中产阶级入侵。待租约到期之时,简陋、朴素的马厩和普通的两上两下型村舍便会被中产阶级接管,成为漂亮而昂贵的住宅。还有更大的老式维多利亚房屋,尽管在近期或者更早的时候这些房子已经被用作公寓或其他用途,但现在这些房屋多数会被重新分隔为昂贵的公寓或"小屋"(新兴房地产行业术语)。当前这些住宅的社会地位和价值常常与它们改造前大相径庭,街区的价值较之前也获得了极大提升。在任一区域内,这一"绅士化"一旦开始就会迅速蔓延,直到所有或大部分原有工人住户被取代,该地区的社会属性也会随之改变。(Glass 1964a: xviii–xix, italics added)

然而,Ruth Glass 的其他著作,包括研究英国以外的城市化著作,就不那么为人所知了。例如,她在同年撰写了关于非西方背景下城市化研究中的"认知差距"的书:

迄今为止,我们对发展中国家的城市化进程、格局和影响的了解十分有限,在几个相互关联的方面甚至是停滞的。首先,与其他领域类似,城市化问题的分析和研究框架受西方社会,特别是盎格鲁-撒克逊时期的影响深远,或者更确切地说,其起源于 19 世纪和 20 世纪初诸如英美等工业化国家的城市化研究(依据现有文献记载中的粗略比较和简单描述推断)。部分原因在于,这些国家早期所受到的"城市化冲击"仍在回响,从而使得在其影响下形成的各种观念根深蒂固且极其普遍。这种观念产生的影响反映在后来者对发展中国家当代城市发展与现象研究的课题选择上。通常情况下，西方思想的主导性往往体现在对这类问题的论述上，其倾向于遵循城乡传统差异以及社会科学各个学科之间的既定界限。(Glass, 1964b: 1-2)

Glass 的作品反映出一种超前的"比较城市主义"，关注西方思想和经验在发展中国家城市化研究中的主导地位，Ma 和 Wu (2005: 10-12) 称之为以西方为中心的"趋同理论"。其他马克思主义者对于欧美工业化城市的发展经验在城市理论中的霸权地位也有类似的担忧，例如 Henri Lefebvre (2003: 29) 曾这样写道：

> 我们专注于"城市"这一新的研究领域，我们用眼睛观察它、用由工业化实践和理论形成的概念描述它、用工业化时期形成的不完整的工具分析它，从而真实还原"城市"这一形态的出现过程。

本书中我们基于一种"新"的比较城市主义（参见 Robinson, 2006、2011a）来解决过去 20 年来"绅士化"概念被过度延伸的问题，即不加甄别地假设在全球范围内都存在类似绅士化的现象 (Lees, 2012)。这种比较城市主义之所以是"新"的，是因为它关注的对象不局限于伦敦、纽约等常见的研究城市，所形成的理论也不仅仅是来源或基于上述城市。正如 Ley 和 Teo (Ley 和 Teo, 2014: 1286) 所言，"绅士化"概念的过度延伸是英美霸权在其他社会和文化中显示其概念统治地位的又一例证。

本书是最先分析这一霸权的形成并质疑"全球绅士化"概念的书之一。Glass (1964b: 18) 后来写道："当我们不得不承认，那些可以验证全球范围内城市化趋势和影响的最基本的验证材料都存在时，这些理论和推测会发生何种变化？"

在解读"全球绅士化"概念的过程中,我们收集了非西方城市中已被界定或尚未被界定为"绅士化"过程的第一手材料,并讨论了除英国、欧洲和北美洲之外的绅士化问题。在这一过程中,我们将西方绅士化理论对于非西方城市的适用程度纳入考量。与 Glass(1964b:27)一样,我们也清楚地意识到,"根植于西方背景的城市化"可能并不存在于非西方城市中(或者至少不是以同样的方式存在),例如:非正规化问题、国家发展主义(往往与现代新自由主义交织在一起),甚至"邻里"这一概念都具有完全不同的含义。

基于对最近城市化概念和多重尺度城市化进程的重新审视和研究(Merrifield, 2013a; Brenner 和 Schmid, 2012、2014; Keil, 2013),我们认为:绅士化正在全球范围内逐渐显露,且更具影响力。本书基于 Sidaway 等人(2014)建议的研究路径,进一步推进以后殖民地理学为指导的"星球绅士化"研究,在本书中:(1)侧重于从房地产次级循环的支配地位(Harvey, 1978; Lefebvre, 2003),阐述星球绅士化概念及其形成路径(基于全球化视角展开,即综合考虑殖民主义、日常比较、全球化以及金融资本主义的全球化效应);(2)我们承认其他(后)殖民主义(旧的和新的);(3)我们证明了全球化的本土性(地方绅士化不是西方国家的复制品);(4)我们对这种转化进行探讨(从西方到东方,从北方到南方,反之亦然)。

当前,绅士化被认为已经"走向全球",并在地理空间上传播,已故学者 Neil Smith(2002)称之为"广义绅士化"。Atkinson 和 Bridge(2005:1)宣称"绅士化现在是全球性的",并在全球尺度下将其作为新城市殖民主义展开讨论。在论证绅士化已经走向全球的时候,他们假设了从北至南、从西至东的传播轨迹,发现绅士化发展呈一定的城市等级特征,已经从第一世界城市发展至第二和第三世界城市。他们还假设,绅士化不是第二、第三世界城市固有的，对这些城市来说是一种新的发展形态。他们认为绅士化是由西方发展起来的。Blaut（1993：12）判断，这种分散主义思想是"空间精英主义"的一个例子，它描述了世界范围内地理空间的中心及外围。相比之下，其他学者也存在很多担忧，例如 Tim Butler（2007a、2010）担心的是，现今多种形态的变化都被归结于是"绅士化"带来的，这一概念的边界在不断淡化，导致我们"忽略了需要去解释或至少要理解的东西"。事实上，Sharon Zukin（2010：9）认为，"广义绅士化"实际上是一个普遍存在的"再城市化"过程，城市空间被白领阶层以及他们的消费品位和消费习惯所占据，在形成经济分工的同时，也促进了贫与富、老与少等不同群体之间文化壁垒的形成，不过，她的研究重点再次放在了西方——纽约！

相比之下，这本书开启了对欧美中心地带以外城市绅士化过程的本体论觉醒，在这个过程中，我们关注到绅士化已经走向全球化的说法，即绅士化是从某个"中心"向外传播并扩散至全球范围的"力量"。我们证实绅士化是全球城市都经历过或目前正在经历的一种现象，它对于 21 世纪的南方世界国家（the global South）而言并非从未有过，并且正在通过不同类型的城市进行着重构。

在共同撰写这样一本书的时候，有一些实质性的问题需要说明。我们利用：(1) 我们来自不同区域并具备一定的语言专业知识（李斯负责欧洲和北美地区，语言为英语、少量德语和法语，申铉邦负责东南亚和东亚地区，语言为韩语、中文和英语，欧内斯托·洛佩兹·莫拉莱斯负责拉丁美洲地区，语言为西班牙语、英语和葡萄牙语）；(2) 我们在两年前举办的全球绅士化研讨会上收集到的信息，这些信息被梳理成了一本全球绅士化的文献集（Lees、Shin 和 López-Morales，2015）和两个区域性聚焦的特刊，一个聚焦东亚的绅士化研究（*Urban Studies*，2016），一个聚焦拉丁美洲的绅士化研究（*Urban Geography*，即将出版）；(3) 一个以多元化非西方国家绅士化问题研究为主的案例研究，这些国家多兴起于21世纪（包括中国、韩国、印度、巴西、智利和南非等国）。我们已经完成了McFarlane（McFarlane，2011）所要求的学习，即有效地将"人员-资源-知识"汇集在一起，以揭示并扬弃现有的概念/理论、意识形态和实践/政策。

我们对于比较城市主义或交叉城市主义的研究为本书的出版奠定了基础，在研究过程中我们使用了相同的方法——批判性政治经济学。我们关注的是城市的非均衡空间发展（Uneven Spatial Development）和城市资本主义的管理模式，尤其是在当前阶段，资本主义利益的支配地位似乎使绅士化的孕育成为必然。尽管批判性政治经济理论是欧美城市发展的产物，但正如Roy（2009：825）所主张的，"这并不意味着这一理论不适用于南方国家的城市，其实，二者是高度相关的"。事实上，宣称南北文化和理论交流是近些年才出现的未免有些天真。资本主义进程以其自身的发展规律在南方世界国家展开，而马克思主义和自由主义在全球南方国家的主要贡献是被融入了国家发展主义、依附性和边缘性的理论中（这三个有用的概念仍然有助于分析许多地方的城市变化）。我们必须警惕的是，在非西方城市中，城市空间的非均衡生产、空间价值的差异化具有不同的形成路径。因此我们对绅士化持有的是一种开放的、嵌入式的、互动的理解，正如我们所说，这是一种历史的视野。借鉴Massey的观点（1993：64）：

> 可以将城市间的相互依赖性和各城市的独特性理解为同一个硬币的两面，其中两个基本的地理概念——非均衡发展和地方特

性——可以相互制衡、相互解释。

此外,在分析"星球绅士化"的过程中,我们也借鉴了近来兴起的后殖民城市主义学术浪潮,这一思想旨在破坏、扰乱、情境化或"地方化"西方城市发展理念。与 Glass(1964b)观点一致,我们认为有必要打破新兴的"发展研究"和城市研究之间的屏障,而该研究长期以来一直为西方学者所主导。这就意味着对基于西方发展经验的研究方法进行剖析,包括在分析新自由主义城市化理论时要更加谨慎。最近,Jennifer Robinson(2002)发现了与 Ruth Glass 相似的问题,识别了西方城市研究理论与曾被称为"第三世界城市"发展研究之间的地理学分歧。"理论"/西方与"发展"/第三世界二元论重叠的结果是"城市研究本身严重分裂"(Robinson,2002:533),这不仅缩小了城市理论的生命力和优势,还对城市政策产生了影响。Robinson(2003)将其称为"非对称无知",而本书试图通过分析全球范围内的绅士化来克服这种无知。我们不应该产生这样的误解,如全球南方国家的学者对绅士化过程一无所知,或者无法将这些正在发生的过程凝练为理论。相反,在分析现有"传统西方城市之外的"绅士化文献时,我们也非常关注这些当地作者所建构的假设。

绅士化研究长期以来一直处于开拓并超越传统城市研究二分法的前沿,从摒弃芝加哥社会学派提出的生态城市模型到讨论农村和郊区的绅士化,都证明了"城市世界"在内城甚至城市之外的延伸(本书第 4 章)。因此,绅士化问题的研究学者不仅能够摒弃城市和郊区、城市和农村之间传统的二分法,而且能够在全球北方国家(global North,包括欧洲、北美和亚洲发达地区的一些国家)和南方国家(global South,位于非洲、拉丁美洲和亚洲发展中地区的一些国家)之间、发达国家和发展中国家之间进行研究（Lees, 2012、2014a）。在某种程度上，本书是对 Andy Merrifield(2014)最近所呼吁的"重建城市研究"的回应，即消除"中心 – 外围"二元思维，承认城市化空间多中心的出现，摒弃在全球南北方之间、发达与不发达国家之间、城市与乡村之间、城市与区域之间、城市与郊区之间传统的二分法思维定式，正如我们需要消除公共与私人、国家与经济、政治与技术官僚之间的陈旧区别一样（Merrifield, 2014：4）。

尽管我们在这本书中所采用的后殖民城市批判意味着"忘掉"我们所学到的东西（Spivak, 1993; Lees, 2012），但同时，这并不是说在绅士化研究中我们应该抛弃更为成熟的（西方）城市化理论。相反，我们要问的是，全球南方城市发展中的哪些元素可以丰富绅士化理论和概念。在这方面，我们与 Ananya Roy 的观点一致（2009：820；另请参阅 Parnell, 1997，他提出了类似的观点）：

因此，对欧美城市理论霸权的批判并不意味着欧美思想不适用于南方世界城市。对思想、政策和实践流动与变异的边界进行监督是不值得的。而值得关注的是，当前所形成的绅士化理论通常基于特定城市的发展演化得出，以及由此引致的想象力和认识论的失败。

尽管我们对 Glass 的著作很感兴趣，但我们并没有照搬 Glass 对绅士化的定义。正如 Lees、Slater 和 Wyly（2008）所证实的，随着时间的推移，绅士化过程较之前发生了很大的变化，使得原有的定义不再符合当下的情况。正如 Beauregard（2003：190）所说的，如果以某个城市作为参照，比如以 Glass 在研究绅士化问题时选取的研究对象伦敦为参照，其所研究的 20 世纪 60 年代的绅士化对于当前其他城市的绅士化来说意义不大且不具备启发性。相反，我们更倾向于经 Clark（2005：258）扩展的绅士化定义，这个定义并不受特定城市及其在特定时间发展历程的局限：

> 绅士化是一个与土地使用者数量变化有关的过程，新住户比之前的住户具备更高的社会经济地位，同时固定资产再投资会引起建筑环境的变化。社会经济地位差异越大，这一过程就越明显，尤其是随着新住户的影响力不断扩大，建成环境的相应变化就更为显著。在我的理解中，任何与这个描述相符的变化过程都是绅士化，与时间和地点无关。

正如 Robinson（2011a：17）所提醒我们的那样，"最抽象的概念往往更有利于将更大范围的城市纳入比较研究。抽象概念也是城市理论最容易发展创新的概念层次，这些概念可能有助于我们以不同的方式看待城市及其问题……在城市研究中，通过对其最抽象的概念进行经验性、比较性的分析，可以找到丰富的可能性，从而创造性地提取出新的概念。"

对于我们来说，正如 Zukin（2010）所说的那样，绅士化是一个置换的过程，在这个过程中，富人取代了穷人，社会和文化的同质性取代了多样性。我们认为这会破坏城市化进程和城市开放、包容的发展。正如 Betancur（2014：3）所指出的那样，尽管绅士化进程存在明显的"阶层替代"，但仍有一些学者否认置换现象的存在以推进他们的研究，例如 Freeman（2006）、Hamnett（2003）和 Vigdor（2002）。值得注意的是，这些研究都是围绕"北方世界"的。这里所说的置换不仅仅指居民从住所中搬离的物理性置换，还包括由于置换压力的增加而导致的现象性置换（Davidson 和 Lees，2010），这种置换压力是由于邻里特征的改变和原生活方式面临消失而造成的。

此外，对于不同的城市和社会而言这一情况可能会有所不同。伦敦、纽约等西方城市的绅士化限制了其城市化的可能性（参见"Lees，2004"对这些可能性的看法）。讽刺的是，现在西方正在经历的似乎是一种类郊区绅士化，城市的生命力已经与郊区化的舒适性相融合，形成了一种"城市郊区化"的第三空间，"带有资产阶级特性的波希米亚人"就生活在其中。在当今伦敦和纽约等城市的绅士化发展中，城市和郊区的模糊边界使我们想到早期的绅士化。的确，"绅士化"这个词本身就与农村相关。正如 Lees、Slater 和 Wyly（2008）所指出的，Glass 所提出的"绅士化"一词本身就具有讽刺意味，它嘲讽了富裕中产阶层家庭的矫揉造作，尽管他们向往农村传统的生活方式，但却没有机会这样做。同样地，当今西方城市中的绅士化群体渴望城市化的刺激性和多样性，但却只能生活在单调的、郊区化的环境中。问题在于：城市、郊区和农村这些西方社会的意识形态是否同样适用于非西方社会？就像 Roy（2009）所说，根植于与现代性和发展相关的单一工业化模式中的认识论已经过时了。

Glass（1964b）提出"认知差异"的概念，指出：显然，在世界大多数地区，受不同因素影响，城乡差异正变得越来越模糊，而且相当微弱（第5页）。这为这种变化过程提供了另一个维度。事实上，Glass 在"星球城镇化"这一概念的提出上走在前列（Brenner 和 Schmid，2012；Merrifield，2013a），即城市和农村之间不再泾渭分明，看起来都如同城市一般。到 2050 年，预计全球超过四分之三的人口将成为城市人口，这也就是 Merrifield（2013b）在 Henri Lefebvre（2003）的基础上建立的认识，被称为最后的归宿——完全城市化，Brenner 和 Schmid（2012）也将其称为资本整体化。可能有人会认为，正在全球蔓延的绅士化现象是佐证星球城市化的一个例子。另外一些学者,例如 Roger Keil(2013)认为,在城市的世界里,郊区化是最明显和普遍的现象。

虽然我们同意 Keil 的观点,即从伊斯坦布尔到上海,郊区化正在大城市的边缘上演,这是极为值得研究的,但同时我们也认为,在 Merrifield(2014)的研究基础上,世界各地的城市化表现出多中心发展趋势,这迫使我们重新思考城市发展过程中的传统单中心模式(市中心、城市中心区或长期以来的城市核心),以及将绅士化作为城市内部发展进程动力的传统假设。我们认为,随着资本积累及其空间修复在城市、郊区和农村中产生了城市集中形态,世界各地城市中的星球绅士化进程呈现出多元化特征。这些过程不仅发生在城市和农村的形成与重塑中,也发生在它们被重新定义的关系之中(Brenner 和 Schmid,2015;Walker,2015)。在圣地亚哥(López-Morales 即将发表的文章)、首尔(Shin 和 Kim,2015)或华盛顿特区(Mueller,2014)等案例中,无论以定量还是定性的方式去衡量,低收入居民区的重建都是当地最突出的住房问题。因此,我们关注的焦点主要是全球范围内的绅士化,由于受到来自国家和资本的冲击而导致绅士化冲突升级,并危及贫民的住所、生活的街区以及部分因经济重构而陷入贫困的中产阶级。读完本书您将会理解,为什么中心城市在全球范围内仍然很重要,但本书中所提到的中心性并不等同于芝加哥学派一度拥护的同心圆理论所假设的单一中心性。绅士化在全球城市研究中的重要地位反映了学者对于绅士化问题的持续关注,这是因为它处于城市研究的前沿,本书也是以"星球绅士化"为书名。重要的是,我们跳出了惯常绅士化的研究区(例如伦敦和纽约等城市),尝试透过城市化来呈现绅士化进程。我们同意 Smith(2002)的观点,至少在目前来看,绅士化仍旧处于全球城市主义的前沿,但只有当其研究对象不局限于常见的研究区域时,它才具备明显的前沿性，这与当代资本主义特别是房地产领域投资重要性的提升密切相关，这一现象不仅发生于北方国家，在南方世界也越发常见（如 Goldman 等，2011；Desai 和 Loftus，2013；Shin，2014a、2015）。

本书是城市研究中新兴领域"世界性转向"的一部分，它致力于开展真正的全球城市研究。我们遵循这一点来寻求真正的全球绅士化研究。这就需要 Heidegger（1927/1996）所说的"去差异化"和 Spivak（1985）所说的"世界化"，即成为全球化的、关注非西方城市特质的艺术（另见 Roy 和 Ong，2011）。正如 Roy（2009）所言：

> 20 世纪在以城市社会学为指导的"芝加哥学派"向以后现代地理学为指导的"洛杉矶学派"的转变中结束了，其间伴随着讨论与争辩，但城市未来已经在其他地方出现，如上海、开罗、孟买、墨西哥城、里约热内卢、达喀尔和约翰内斯堡等发展中国家的城市，这些城市的经验能重塑城市和大都市分析的理论核心吗？（第 820 页）

Jennifer Robinson、Ananya Roy、AbdouMaliq Simone、Susan Parnell、Colin McFarlane 等"新"比较城市主义者的观点常被混为一谈，即使他们的作品之间存在细微的差别。像 Robinson 和 Parnell 这样的比较城市主义者，他们并不认为中心城市理论具有普适性，而是希望城市发展理论的形成可以因地制宜，更加灵活、有弹性。他们渴望有不同的值得挖掘的理论用于讨论，并得出重要的观点。他们的比较思维是关于改变理论和理解的：它是理论化的新实践，这反过来又重塑了我们的知识实践。他们认为我们不需要理论的迁移，因为这样做是在制定殖民主义；相反，我们更需要的是知识的集体生产。本书正是基于这样一种知识的共同生产而形成的。McFarlane（2006）提出了一种"批判性策略"，揭示了城市理论的独特性，如绅士化理论，以及一种产生新思想、探索路径和立场的"异质性策略"。McFarlane（2006）和我们一样，也是比较"南北差距"的。

我们在本书中所进行的比较城市主义，并不是简单地就类似过程对城市之间的异同进行系统研究，而是着眼于"如何去描述以及解释这一过程的异同"（Nijman，2007：1）。我们把注意力集中在城市化过程，而不是城市发展的结果，即使它们是相互关联的。我们的研究并不是 Robinson（2002）所批评的比较研究（表1.1），而是一个跨国研究，基于一个城市对另外一个城市提出问题（Roy，2003：466）。我们一方面遵循 Robinson（2011a）的"比较研究"，但同时也尽力避免学术印象主义（Lees，出版中）。我们使用承认城市间存在地域性和关联性的关联比较法进行研究（Ward，2009）。这涉及城市的过去、现在和未来是如何互相关联、互相引出问题的。正如 Hart（2004：91）所言，我们需要认识世界上不同地区不断差异化却日益紧密相关的社会空间变化轨迹。在 Lefebvre 之前，马克思主义试图实现这一目标但未能成功。目前，鉴于我们的政治经济背景以及我们生活在一个日益新自由化和相互关联的世界，对全球范围内绅士化的比较研究具有很大意义。然而，这一方法需要再次进行理论凝练和思考，正如我们在本书中所做的那样，特别是在结论中，要反思这对于现有绅士化理论意味着什么。重要的是，它应该是一场在世界各地城市间持续进行的对话，一场最终目标是为所有人实现社会公正的对话。

绅士化研究中传统比较法与关联比较法的比较　　　表 1.1

绅士化研究中的传统比较法	绅士化研究中的关联比较法
城市是有边界的	城市是无边界的
城市是既定的	城市是通过与其他地方的关系（流和网络）形成的
城市具有独特性	城市及其中心的多重性和多样性（包括新的核心-边缘结构）
邻里是有界的	邻里是通过与其他地方的关系而形成的
邻里尺度与城市尺度直接相关	邻里、城市、区域和全球尺度是跨尺度和政治化的
可以用相似性和差异性来支持理论和呈现理论	相似性和差异性被用于理论化和检验/改变理论
单个案例研究的理论化/概念化	理论化/概念化不局限于个案研究
理论建设是确定的	理论建设是一个尝试、发展的过程

就像"庶民研究学派"（Subaltern Studies School）（如 Chakrabarty，2000）虽然对于按照普遍化的西方马克思主义思想来研究南亚的历史社会和经济变化表示质疑，但又想要保留马克思主义分析一样，我们也将自己从马克思主义关于资本、国家和政治的普世主义历史以及阶级意识中脱离出来，因为这些并不完全适用于西方工业化社会以外的背景。像他们一样，我们也坚持对社会底层人群、被压迫的人群和被异化的人群所进行斗争的马克思主义关注，这符合我们的批判政治经济学方法。本书还认为，迄今为止，政府的角色在绅士化研究中尚未被完全概念化，这表明了全球南方大都市的城市治理已经进入了 Schindler（2015）所说的"领域时刻"（a territorial moment），政府越来越重视城市空间的改造，而不是人口的改善（即使在不同地方也有不同程度的人口改善，但人口的改善也被用来推动城市空间改造，因城市空间升级可在整体上改善人口）。这种转变受到了政治经济环境的驱动，

Schindler（2015）认为，现在任何"重启"城市研究的尝试（Merrifield，2014）都必须考虑到"大都市领土的治理，即权力和地点的重构"（第 7 页）。那么，是什么促成了这种转变呢？Schindler（2015：14）提出了一些有用的观点——精英们（并不特指"中产阶级"）倾向于在全球南方国家的城市投资房地产，而不愿意投资于经济生产部门，这是因为资本和劳动之间存在脱节。正如他所说：

> 比如，生活在拉各斯、雅加达或伊斯坦布尔的人可以合理地假设，在这样规模的城市里，他们将来能够找到买家购买豪华公寓，而生产商品——无论是用于国内消费还是出口国外，相对来说都是有风险的。这就使得发展中国家的中产阶层不仅是开放市场和国际化生产这一全球体制的受益者，按照 Ballard（2012：567）所说，他们还享受着许多开发机构和政府对其"几乎完全积极的、毫无争议的界定和评价"。因此，建设基础设施以及发展鼓励城市更新和房地产投资的制度框架，可以被理解为"为他们（中产阶层）进一步积累创造条件"的尝试。

简而言之，发展中国家大城市的政府对于有可能在重建城市的同时积累资本感到兴奋。特别是在追求工业生产和城市改造的背景下，以空间修复作为过度累计危机的弥补措施可能并不现实。正如 Shin（2014a：511-512）所述，"这不仅仅是工业生产初级循环的过度积累，还有助于引导固定资产投资进入建成环境的次级循环。这两个循环相互促进，而国家对金融工具的垄断则为政府（以及国有企业）获取必要的资金提供了可能性。"

南方国家大城市通过不同的方式实现重建。最巧妙的治理形式是围绕着空间管制和空间安全：从里约热内卢的贫民窟安置计划和贫民窟旅游（Cummings，2015），到将街头小贩赶出墨西哥城中心城区街道（Lees，2014a）；通常，这是为了吸引游客而进行的空间净化，从而导致"旅游绅士化"（Lees、Shin 和 López-Morales，2015）。正如 Peck 和 Theodore（2010a：172）所言，墨西哥城、华盛顿特区和纽约市之间有着根深蒂固的历史联系，并且由于世界银行和美洲开发银行为复兴计划提供政策建议，这一联系得到不断加强。这可以被认为是 Clarke（2012）所提出的"实际存在的比较城市主义"的另一例证。大型项目是政府在重建城市时寻求资本积累的另一种方式。Schindler 提到了位于尼日利亚拉各斯的大西洋新城项目（Eko Atlantic），该项目旨在为一个新区开垦被淹没的海岸线，时任美国总统比尔·克林顿（Bill Clinton）在就职典礼上评论总结了这些项目过度膨胀的愿望：

> 这将有助于改善尼日利亚的经济并给全世界带来巨大的机遇。我相信在五年之内，世界各地的人们都会来看这堵墙。（AksSimi，2013；引用于 Schindler，2015：16）

有一些大型项目周期较短，例如与奥运会、世界杯或英联邦运动会等大型活动相关的项目。其他的项目由于周期更长，通常会对主办城市的社会结构以及其他方面产生更为持久的影响，因此政府通常会以这些大型活动为手段来实现更持久的城市空间重组。Shin（2012、2014b）对 2008 年北京奥运会、2010 年上海世博会和 2010 年广州亚运会等大型活动是如何成为各主办城市空间重组的催化剂进行了讨论，还分析了城市是如何通过剥夺居民的经济适用房和住房权利来实现固定资产累积的（1988 年首尔奥运会案例，Davis，2011）。这样的过程为绅士化提供了助力。对于上海、孟买或迪拜等具有全球性发展定位的城市而言，其变革更为全面。资本积累的种种策略都意味着资本主义已经使部分人口变得可有可无，并造成了一定程度的流离失所。然而，其中一些大规模城市更新（即绅士化）计划得到了在更新中受到影响的人口的支持（Doshi, 2015; Ley 和 Teo, 2014）。因此，南方国家的民众如何以新的形式反对这些由国家主导的绅士化过程变得相当有趣。正如 Schindler（2015：21）所言，关键问题在于：

主流马克思主义理论叙述了无产阶级是如何在丧失生产资料的背景下发展起来的。但是，在一个资本和劳动脱节的时代，如果城市居民无法设想通过自己的劳动来赚取工资的话，他们如何从个人或集体的视角来理解自己在城市中的位置呢？在 21 世纪，生活在大都市的居民是否会受到城市转型制度的影响而参与到城市转型中来？或者说，是否会对城市空间、基础设施和物质流产生反抗意识，就像曾经在生产车间斗争中产生集体意识一样？

政策制定者更感兴趣的是他们对城市的新设想，而不仅是为劳动力提供就业机会。正如 Harvey（2012）所说，我们现在需要对无产阶级有一个新的定义，即他们是什么以及他们想去哪里。加上对城市意义的重新认识，这些迫使我们去思考当代世界的城市运动和城市权利问题。

星球城市化正以多元的方式发展，其间涉及一系列不同的机构和行动者，他们在阶层权力积累和维持中有着一定的利害关系。尤其是，星球城市化以"剥夺式积累"的形式发挥作用。我们认为，Harvey（2007）对 21 世纪新自由主义背景下的"原始积累"进行了升级，其中包括国家主导的绅士化，这些往往发生在以前的公共土地上。和 Merrifield（2013a、2013b）一样，我们更喜欢"星球"（planetary）这个词，因为它暗示了比停滞不前的"全球"(global)一词更加生动和成长的含义。对资本次级循环（建成环境、房地产）的（再）投资是这一过程的关键，其间伴随着一系列的"剥夺"行为，绅士化是其主要部分。对于部分发展中国家而言，比如中国，资本次级循环和初级循环（工业生产）的投资是同时发生的（Shin，2014a），而迪拜等地方的（再）投资以初级循环为主。重要的是，随着星球城市化的发展，"乡村和郊区空间已经成为新工业生产和金融投机的重要组分，它们被不断吸收并重构到新的世界–区域开发地带之中，以及大都市区域体系之中……"（Merrifield，2013b：10）。然而，Merrifield（2013a、2013b）和其他一些人忽视的一个关键问题是，在西方资本主义社会中，土地和住房的获得具有商品和社会权利的双重属性（这是第二次世界大战后社会契约的一部分，但该契约正在瓦解），然而在非西方城市中这种情况并不明显，至少不是以同样的方式存在。Ley 和 Teo（2014）就讨论了香港是否存在绅士化现象的问题，以及"财产文化"如何影响人们对住房权的理解。

我们面临的挑战是如何获知不同地方的不同社会、经济和政治历史背景，以及它们是如何反映不同地方的绅士化进程的。但除了这些差异以外，我们还需要把握城市的地域性和关联性（与其他地方的联系）。我们首先从广义的区域角度阐述对全球范围内绅士化的认识：

在欧洲，尽管西方社会对绅士化的解读占据主导，但我们必须注意，关于绅士化，并不像人们预想的那样，存在着一种"北方"或"西方"向心力。例如，在巴黎，其市中心一直以来由中产阶级居住，这是奥斯曼化的结果，社会学家Préteceille（2007）认为，巴黎正经历着"资产阶级化"而非绅士化。此外，第二次世界大战后（20世纪50年代至60年代），欧洲其他地方的绅士化并没有像伦敦那样在战后到来。

例如，在德国，"绅士化"一词最近才真正出现在公共讨论中，在时间上与发展中国家是同步的！

Ward（1993）认为，20世纪90年代之时，拉丁美洲的城市化和城市内部发展虽然与经济起源和消费主义启示方面的全球进程相关，但其产生的结果却与在北美和英国观察到的截然不同。尽管他引用的案例很少，但他还是指出了"适度绅士化"和人口置换。最近，人们开始以欧美绅士化为基础进行延伸，尤其是拉丁美洲特有的绅士化（Janoschka、Sequera和Salinas，2014），其源于西班牙和葡萄牙的殖民影响，并可能会与墨西哥、巴西、智利和阿根廷相联系。这项工作可以被视为拉丁美洲理论更悠久传统的组成部分——依赖理论的一部分（Quijano，1968；Cardoso和Faletto，1979；Biel，2000），它是现代化和发展主义理论的对立面。此外，拉丁美洲人非常关注城市公民权利、边缘化和不平等的土地分配和服务水平，并且对"叛乱公民权"很感兴趣（Roy，2009；Holston，2008）。在拉丁美洲，尤其是智利，存在非常激烈的反绅士化倡议，其在学术方面深受Manuel Castells（1973）关于"城市是社会运动和社会动员的空间"这一思想的影响。

迄今为止，有关东亚地区绅士化的研究较为有限，这是由于该地区的城市化是由中央和地方政府与大型企业密切合作共同促成的，因而在城市空间重构和住宅重建的讨论中绅士化很少被提及。研究绅士化的东亚学者们倾向于借鉴Ruth Glass的经典概念来开展研究讨论（例如Kimand和Nam，1998；Qiu，2002；Huang和Yang，2010），也就是强调了全球范围内现代化的不同形成路径，例如关于"上海现代化"的理论（Lee，2001），或者将亚洲概念作为研究方法（Chen，2010）与其他的东亚城市理论形成鲜明对比。然而，最近关于东亚地区绅士化的文章对该地区绅士化的背景特征更加敏感（Shin，2009a；

He，2012；以及专刊 *Locating Gentrification in East Asia*，Shin、Lees 和 López-Morales，2016）。研究人员现在注意到，例如，Ma 和 Wu（2005）在10年前就曾指出，中国城市看似相似的城市发展形式（如新兴绅士化等）可能源于不同的过程和逻辑，从而挑战了以西方为中心的"趋同理论"（第10-12页）。Shin 和 Kim（2015）也认为，从20世纪80年代初开始，韩国成为较发达的发展中国家，其快速发展的城市投机性城市化导致了具备更多内生形式的"新型"绅士化。其实，绅士化在东亚并不少见。尽管"绅士化"一词较少被媒体和公众广泛讨论，但通过仔细研究城市街区是如何成为资本（再）投资目标的，包括当地居民的迁移，就不难发现这一过程的存在（另请参阅 Ley 和 Teo，2014）。

南亚的"城市转向"出现于21世纪（Rao，2006）。研究人员关注的重点在于，政治社会如何在后殖民地国家的城市中得以体现（Chatterjee，2006）。后殖民主义理论包含了对于城市公民权的政治诉求，这一点在关于南亚城市的大量文献中有所体现，这些文献研究了"社会底层人士同意并参与到城市重建和城市不平等项目的方式"（Roy，2009：823）。例如，Doshi（2013）以孟买贫民窟为案例，从不同视角分析绅士化发展带来的人口置换。正如 Roy（2009：827）所述，社会底层人民"同时具备战略性和自我剥削性，同时又是政治代表和新自由主义的主体"。

长期以来，与非洲城市有关的书籍或文章集中于欠发达、依赖性和非正规化等主题。最近，学者试图通过移民、商品流通等方式了解非洲城市的资本主义，从而描述了非洲城市经济的生动景象（Simone，2004）。现今，绅士化有关研究倾向于探究南非的绅士化发展，Mbembe 和 Nuttall（2008）谈到南非的约翰内斯堡是非洲特有的现代化和城市化出现的关键地区，正是在这里，正式的、改造过的西方白人城市和非正式的、功能失调的非洲城市进行了结合。

长期以来，我们一直认为中东地区是冲突频发、种族主义盛行的动荡地区，会摧毁城市（Graham, 2004），而非（重新）建设城市。但最近，Singerman 和 Amar（2006）已经从"洛杉矶学派"（LA School）转变为"开罗学派"（Cairo School），研究全球化背景下中东的现代性和世界主义——从购物中心到封闭社区。阿拉伯现代性也有了新的表述，Davis（2006a: 53）称之为"未来主义的荒诞漫画"——在那里"黑色经济与全球金融资本别无二致，城市与自然之间激烈碰撞，同时酋长国的封建主义遇上了开放的世界主义"（Roy, 2009: 828）。迄今为止，关于中东绅士化的文章很少（尽管在"Lees, Shin 和 López-Morales, 2015"的一些章节有所涉及），该地区的城市研究往往侧重于新开发的或现代化的建筑和设计，而不是绅士化发展带来的人口迁移。

这些地区剪影可以帮助读者了解来自全球各地的绅士化进程及各方思考。现有研究强调了绅士化的地理环境特征（Lees, 2000），绅士化的发展背景和形成时间，但随着后续章节的展开，我们将依托当前的研究框架不断充实相关内容。本书包含了大量的材料，我们努力使它能够被更多的读者所接受。本书横贯了经济、文化和理论领域，我们将尽量以清晰而全面的语言来写作。我们的目标是进行细致入微的概念性讨论，以丰富的经验性例证为基础，批判性地猜想未来全球范围内绅士化的研究议程，其核心是社会公正。

2
新型城市化

研究初期，绅士化通常被理解为居民，尤其是中产阶级重返内城的过程，他们曾为了追求以汽车文化、独栋住宅和低价土地为特征的郊区生活而逃离内城（尽管现在通常认为这些中产阶级先锋多来自于其他地区的市中心，而非郊区）。长期以来，关于绅士化起因和影响的研究已经较为深入，但对于绅士化和城市中心关系的讨论从未停止，并一直是绅士化研究的焦点话题。虽然人们通常将郊区化和城市边缘相联系，但对于是否能以相似的方式将绅士化和城市中心联系起来，尚无定论。Tim Butler（2007b）将其简要概括为：

> 多数研究都将绅士化和郊区化这两个概念定义为"发生于特定空间的过程"，即绅士化发生在城市中心，郊区化发生在城市边缘。但问题在于，上述观点是基于19-20世纪工业化和城市化发展这一特定的社会背景提出的。（第762页）

绅士化研究学者对于内城区域的关注，很大程度上是受到Ruth Glass所描述的绅士化这一新城市现象的影响，它对现代主义主张带来了挑战，即城市如何以市中心的衰败和贫穷为代价换取郊区的繁荣发展。换言之，人们将"绅士化"理解为一种发生在城市中心的人口更新现象，即原本居住在市中心的工人阶级被赶离，而原先居住在郊区的中产阶级经住房改造取而代之的过程，从而对芝加哥学派长期以来所主张的观点提出了质疑。

Lees、Slater和Wyly（2008）分析了芝加哥学派借助新古典主义经济理论来解释城市化的不利影响。以《城市》（*The City*）一书的出版为标志，芝加哥城市学派于20世纪初正式出现在人们视野中，他们将城市环境视为理性人消费主权选择的结果，主张从现代主义视角研究城市（Dear，2003；

500—502)。尤其值得关注的是，基于均质土地、单中心城市、空间的自由竞争，以及城市由一个核心区域向外围发展等假设，芝加哥学派认为城市空间结构将以一系列同心环的形式呈现（Dear，2003：500）。根据地租理论（Alonso，1964），"郊区化"被解释为不同群体在可达性和空间区位两个要素之间进行权衡、竞租的理性结果。因此，大量中产阶级家庭涌入郊区，他们通常具有追求优质生活的消费偏好并且支付得起长途通勤带来的高昂交通费用；城市中心则多为贫困家庭，他们承担着高额生活成本且居住空间狭小。而发生于城市中心的绅士化现象则表明，当前的城市发展趋势与芝加哥学派的主张在一定程度上是矛盾的，这在一些后工业化城市中尤为明显。

为此，芝加哥学派试图在不否定其理论基础的前提下解释绅士化现象。例如，Schill 和 Nathan（1983）基于土地竞租理论来分析，他们认为绅士化是中产阶级群体理性选择的结果，也就是说由于该群体既看重居住质量又追求可达性，并且具有足以兼顾二者的经济基础，对于靠近城市中心的土地可以出得起更高的价格，由此导致了绅士化现象的发生（第15页）。如果上述解释成立，那么接下来就需要进一步解释高收入家庭消费偏好变化的原因及方式。在某种程度上，可以将聚焦中产阶级个体行为特征变化的绅士化研究看作是对新古典主义关于消费偏好（土地和住房）变化研究的回应（见第3章）。

正如本章开头所讨论的，在地理空间上，绅士化始终与内城或中心城区相关联。芝加哥学派提出的同心圆模型和以现代主义为内核的城市发展思想之间进行了长达数十年的争论，尽管二者均假设城市为单中心空间结构。即便我们狭义地将绅士化定义为发生于城市中心区的过程（尽管本章将突破这个狭义界定），绅士化和郊区化间也绝非完全意义上的"零和关系"——无论是在投资周期还是在居住选择方面（Butler，2007b：

762）。事实上，绅士化和郊区化可能会同时发生。例如，在中产阶级人口扩张、（国内和全球）人口迁移导致的市中心和郊区人口大量增加，或是以外围地区的科技园、封闭式社区的发展带动城市中心的服务业发展（如金融服务业）等情况下，绅士化和郊区化就是同时发生的（Butler，2007b）。

随着对城市发展的认识以及对城市化理解的不断深入，我们应该重新思考绅士化研究中的关键假设是否合理。本章，我们将试图进一步推动 Eric Clark（2005）关于"绅士化的秩序和简单性"的呼吁，并进一步思考批判地理学近年来关于全球郊区化和星球城市化的讨论（Keil，2013；Brenner 和 Schmid，2014；Merrifield，2014），尤其将重点关注城市中心是如何在城市发展的多样性中显现出来的，这与现代主义理论主张的"在郊区化进程中，城市中存在单一中心向外辐射，以超过农村地区"的观点背道而驰。Andy Merrifield（2014）在关于星球城市化的讨论中提出，城市化过程能够促使"核心 – 边缘"结构在城市中重现，而不是以城市内部某一中心为核心，其他地区为边缘。我们在本章中所使用的方法可以被视为对于呼吁消除"核心 – 边缘"二维思维的回应，即需要寻求更为灵活的方式以提炼、总结资本再投资是如何消除其在建成环境中的运作障碍的，从而为城市的阶层重塑创造条件，包括通过投机活动来促进社会需求。也正是出于上述考虑，我们不再以过往绅士化研究的热点地区为研究重点，而是将注意力转移到世界其他城市，这有助于呈现新的城市化和绅士化图景。

进一步凝练，还是越过表象延伸概念内涵？

受到在抽象和具象之间不断转换的影响，理论研究不可避免地需要解决"不断变化的社会现实将如何影响原始概念"的问题，是进一步凝练，还是赋予其更多内涵使之更为丰富，抑或是不再沿用。绅士化也不例外，关于如何在特定的空间和时间，而非其原始的空间和时间中理解并应用绅士化的争论由来已久。尽管绅士化受到经济发展进程、社会政治关系、文化规范以及监管体制等一系列持续且具有历史偶然性的因素影响，对于城市化过程复杂性的关注极为重要，但通过关注"绅士化的秩序和简单性"（Clark，2005），避免将绅士化与城市化相混淆同样重要，这也正是我们在绅士化研究中所关注的。

绅士化概念随着时间和空间推移不断演变，反映了相关认识和理解的不断深化，即如何定义城市以及出现了哪些新的城市发展趋势。绅士化最初是指中等收入或高收入家庭通过住宅改造来入侵工人阶级居住区的现象（Glass，1964a）。这种对于住宅改造和城市中心区位的关注在此之前就已出现过。Neil Smith 在他 1982 年所写的"绅士化与非均衡发展"（*Gentrification and Uneven Development*）一文中将绅士化定义为：

> 中产阶级购房者、房主和房地产开发商重建工人阶级住宅区的过程……"绅士化"表明这一过程具有明显的阶级性，尽管严格来说，迁入的中产阶级白领可能不一定是"绅士"，但从实际经验来看，他们是最有可能成为"绅士"的群体。（第 139–140 页）

长期以来，人们将住宅改造或升级作为绅士化的核心特征，因此通常认为通过拆迁和新建来改造城市中心的方式不属于绅士化。Smith（1982）对"绅士化"与"重建"这两个概念进行了理论区分，认为后者"不是改造旧建筑，而是在已开发的土地上建造新的建筑"。在 Ruth Glass（1964a）所提出的绅士化概念中，这种对工人阶级住宅的改造最终使得工人阶级无家可归，受其影响，部分人对于该语境下的绅士化极为敏感（Maloutas，2011；Lees，Shin 和 López-Morales，2015 均批判了这一观点）。Eric Clark 在 2005 年曾指出要避免教条地坚持从非必要关系中抽象出来的概念，即"解释特定案例的必要性与解释更广泛过程的必要性是不同的。在某些情况下，是否发生于城市中心可能是影响城市化进程的重要因素，但是如果基于此武断定义，可能会将绅士化与城市化混为一谈"（第 259 页）。

随着时间的推移，长久以来的政治和经济结构调整使得绅士化发展的地域范围发生了改变。事实证明，绅士化不再局限于北方世界的一些核心城市，也不只是局限于住房改造（Davidson 和 Lees，2005、2010）。一些以重塑城市景观为目的的开发项目越来越大，其制度支撑体系也是如此，后者往往能够以更有利于市场的方式促进大型项目的开展。国内和跨国金融机构也纷纷采取行动，以帮助开发商、政府甚至个人购房者能够在投资热潮中站稳脚跟。随着以房地产为主导的城市改造在城市政策制定中发挥越来越重要的作用（Healey 等，1992），城市通过再开发把建筑和住宅整合为超级街区，以促进区域性发展和高档商业住宅的改造，城市重建成为常态。Neil Smith 在 1996 年出版的《新城市前沿》(*The New Urban Frontier*) 中重申了他对这一问题的立场，即区分"修复"和"重建"没有意义：

绅士化不再是房地产市场中一种狭隘且不切实际的怪事,通过对城市中心景观的阶级重塑,它正在成为住房市场中一种更为有力、前沿的主导力量。如果一味地把重建排除在绅士化以外,认为城市的绅士化发展只是指恢复复古城小巷原先的古色古香、优雅的历史景观,而不是将其与更大规模的城市重建联系在一起,那就有些一叶障目了。(第37页)

城市发展的五个特征,即"国家角色的转变、全球金融的渗透、政治反对势力的变化、地理上的分散以及中产阶级行业的泛化",都使得绅士化的内涵不断发展变化(Smith, 2002: 441)。基于此,"绅士化"被重新定义为:

一种发生于城市中心的资本投资,目的是为那些比居住于市中心的工人阶级更富裕的人创造空间……绅士化是典型的城市再投资。绅士化作为约束城市地理空间的手段之一,除了包括住宅改造和重建,还包括商业再开发和阁楼改造(用于居住或者办公)。(Smith, 2000: 294)

虽然当前对于绅士化的定义不再局限于"修复",而是将"重建"也纳入其中,变得更具包容性,但正如上文 Neil Smith 所说,当前绅士化的研究焦点仍然集中在城市中心或内城地区,这也使得关于绅士化边界的争论从未停息。例如,Lees、Slater 和 Wyly(2008)曾将绅士化定义为"将市中心的工人阶级居住区或是闲置区域置换为中产阶级住宅区或商业用地的过程"(注于第VX页);同时,他们也认为发生于其他地区的绅士化与主流绅士化之间有相似之处,但并不完全相同,比如农村绅士化、郊区绅士化等。在本书中,我们试图进一步探讨在绅士化研究中是否应该过度关注城市中心或单一中心。正如 Neil Smith 所讲，如果我们将绅士化的核心特征概括为城市空间的阶级重塑和城市居民（包括使用者和居住者）的直接（或间接）置换这两点，并且想要分析城市化是如何在西方绅士化地区以外的区域发挥作用的，那么我们就不能狭隘地将城市中心作为绅士化的核心区。早在 2005 年 Eric Clark 就曾提出，如果要将绅士化定义为"一种通过改变街区特征以服务于更多富裕家庭的资本再投资"，那么就没有理由将绅士化的研究范围局限于城市中心。

星球城市化背景下的绅士化现象

随着研究范围扩展至西欧和北美以外的城市化地区，绅士化研究逐渐走出了舒适区。事实证明，南方城市发展通常会超出街区尺度。正如 Shin 和 Kim（2015）在首尔城市再开发和重建项目中对时间和空间集约利用的讨论中所说的那样，可以通过将街区和城市空间结合起来的方式来实现"大都市规模"的绅士化，也可以称之为"巨型绅士化"（详见第 7 章）。Queiroz Ribeiro（2013）提出，抛开"绅士化"问题不谈，自 20 世纪 90 年代初期起，为了扭转后工业化时期城市经济的衰退，里约热内卢的城市系统开始服从于政府主导的经济重塑过程。在这种情况下，政府所施行的政策在极大程度上受到贫民窟大规模的住房正规化和社会驯化的影响，尤其是那些被认为是最危险的贫民窟和位于城市中心的贫民窟。

我们再来看一些区域尺度的项目。Goldman（2011）追踪了印度的一项区域发展战略，该战略以卡纳塔克邦的迈索尔－班加罗尔信息走廊为中心，包括建设一条信息走廊、一条高速公路以及几个全新的城镇。整个开发项目预计会造成二十多万农民无家可归（Goldman，2011：56），他们仅能通过土地征用获得很少的补偿，开发商却可以通过高额租差获利。在这一过程中，尽管 Neil Smith（1979、1996）所提出的由重新估值而导致的蚀本现象并未发生，但是发生了克扣地租进行剥削的现象，这在内城重建项目中很常见。相反，正是由于房地产价值和潜在地租上涨，当地村民失去了从未来发展中获益的权利，才使得这一剥削得逞。López-Morales（2011）曾在智利圣地亚哥的市中心重建项目中提出"通过剥削地租来实现绅士化"这一说法，事实上，印度的这一开发项目正是其放大版。那么，我们可以将其归为绅士化吗？如果将其认定为绅士化，这必定会超出大多数绅士化研究学者和反绅士化运动拥护者的认知，并同时使他们认识到，发生于纽约或伦敦内城地区的绅士化与发生于印度和中国农村地区的投机性房地产开发之间存在着某种联系。同样地，与其说绅士化是一种特定的城市"状态"，不如说它是城市化的突变过程，而绅士化所导致的人口置换不过是社会内部固有不平等权利关系的产物，会进一步加剧社会的两极分化。相较于对城市发展轨迹、形态属性和规模的一种预定义，绅士化更接近于一个依赖于国家政策、阶级基础和权利关系相互作用的社会重构过程（参见第3章）。此外，就像 Lees、Slater 和 Wyly（2008：138）在关于乡村绅士化的研究中所提出的，绅士化是一种资金积累的潜在逻辑过程，可以将城市与乡村、城市与绅士化、乡村与绅士化都联系起来。

上述讨论促使我们重新思考城市化的本质及其在当今社会的意义。基于 Henri Lefebvre 和 David Harvey 关于资金积累再循环支配地位的讨论，我们首先来探讨房地产在资本主义社会中的作用。Lefebvre 所著的《城市革命》(*The Urban Revolution*)（2003）一书引人深思，书中写道：

我想强调一下城市化以及更为普遍的房地产建造和投机在当代资本主义社会中所起的重要作用。与工业生产类似，房地产建造作为第二产业的组成部分，服务于非耐用消费品市场或是不像建筑那么耐用的消费品市场。由于当前主要工业生产及动产发展开始放缓，资本开始向第二产业，即房地产建造转移。（第159-160页）

Lefebvre（2003）认为，房地产建造所在的第二产业就像一个缓冲器或是减震器，可以在经济萧条时将过剩资本引入（第159页）。Harvey对此表示赞同，他认为资本主义的城市化过程本质上更像是发生于工业生产初级循环的过度积累危机，为转移这一危机，需要将资本转向次级循环，即固定资产和消费资本（Harvey，1978）。资本转换通常有两个维度，即部门转换和地域转换（Harvey，1978：112-113），前者是指资本从一个循环流向另一个循环，比如工业生产资本流入创新领域或房地产领域，而后者（地域转换）则是将资本从一个地区转移到另一个地区，由于房地产具有不可移动的特性，地域转换在房地产投资中尤为常见。

尽管人们通常认为资本从工业生产的初级循环流向房地产领域的次级循环可能是暂时性的，但Lefebvre指出，为了解决工业生产中的过度积累危机，次级循环有可能会跃居于初级循环之上并占据主导地位；同时，房产投资可能会成为资本形成的主要来源，从而真正完成剩余价值的实现（Lefebvre，2003：160）。纵观城市化和经济迅猛发展的发展中国家，加强基础设施建设和提升住房建设能力在一定程度上是提高工业生产能力的一种方式（参见"Shin，2014a"对中国发展情况的讨论）。

Lefebvre预测的"城市革命"以及随之而来的"城市社

会"的到来，实际上是在告诉我们资本次级循环的全球性优势，尤其是基于资本主义积累逻辑的房地产发展能够促使工业生产服从于建筑环境（生产环境）。就像 Karl Marx 提出的世界市场一样，"城市"是资本主义扩大再生产的必要条件（Merrifield，2013a：913）。通过对后工业化城市社会的初步观察，Lefebvre 认为房产领域的资本次级循环已经成为"全球日益增长的城市经济的主要支柱，是资本投资的主要来源之一，也因此成为过去 15～20 年间全球房地产浪潮的媒介和产物"（Merrifield，2013a：914）。但是随着房地产投资在全球范围的扩展，投机浪潮也席卷了发展中国家，使得土地投机和住房市场在发展中国家的城市化进程中发挥着更大的作用。基于上述背景，我们的讨论将结合全球绅士化的兴起（Lees、Shin 和 López-Morales，2015；最后一章）或是 Merrifield（2013a）提出的新奥斯曼主义来展开，即"整合金融、企业和国家利益从而影响全球，一方面，将原住民驱逐到后工业化、经济疲软的地区生活，另一方面以强行清空贫民窟和强制性土地征用的方式没收土地并控制土地价格"（第 915 页）。

一直以来，房产投机都和绅士化紧密联系，因为它会对中产阶级获得房产以及通过投资房地产来积累财富产生影响（Smith，1996；Ley 和 Teo，2014）。前述马克思主义的相关观点能够帮助我们更好地理解资本积累的结构机制以及创造剩余价值的欲望如何提升房地产行业的地位。在西欧和北美，凯恩斯福利主义的消亡和新自由主义城市化的兴起促进了房地产行业霸权地位的形成，在房地产金融化的背景下，不动产受到全球化灵活投资策略的影响（Moreno，2013；Weber，2002）。南方世界的城市往往会选择牺牲土地的生产性用途，而将其用于房地产开发以吸纳资本，这主要是出于两方面的考虑，一是出于对流动资本和专业人才的追求，二是为了将提升主要城市中心的形象作为政治合法性建设的一部分（Cain, 2014; Goldman, 2011; Shin, 2014a; Watson, 2014）。因此，我们支持 Neil Smith 的观点，即在日益发展的新自由主义之下，新城市主义的兴起意味着"绅士化将成为一种具有普遍性的全球战略"（Smith, 2002: 437）。

虽然房地产投资领域不断提升的跨国政策倾向可能会促进其"在全球范围内的发展"成为可能，但是全球范围内绅士化的普遍兴起并不一定意味着绅士化会以与帝国主义类似的方式，即以一种剥削的方式继续发展（见第5章）。正如 Shin 和 Kim（2015）在对韩国投机性城市化兴起的分析中所说的那样，绅士化作为一种以阶级为基础、以空间调整来促进资本积累的策略，可能比反对者所认为的更具内生性和根植性。在资本主义城市化进程的推动下，房地产领域的资本次级循环、工业生产领域的资本初级循环连同土地和住房市场一起共同成为家庭和商业投资的重点，并最终推动投机性城市政策的形成；这些政策在很大程度上依赖于市场驱动下的再开发,从而将无序、不合标准（从集权国家精英角度来看）的城市空间转变为有序的、面向中产阶级或上层社会的城市空间。城市转型过程中的投机本质吸引了新兴的中产阶级，促使他们成为城市重建（或称之为"绅士化"）项目的有力倡导者，同时也瓦解了绅士化的抵抗运动和力量。

Ley 和 Teo（2014）对香港的研究表明，虽然当前针对该地区的研究中尚未提及"绅士化"，但绅士化可能已经发生了，并且会对当前通过城市再投资来改变建成区社会景观和空间景观的方式产生影响。以往的绅士化研究多专注于"文化消费"领域，那么应该如何将基本经济积累过程融入其中，以更加综合的方式进行绅士化研究呢？香港的案例为我们提供了一种新的思考角度（图 2.1）。Ley 和 Teo（2014）指出，香港长期以来一直以大规模提供公共住房的集体消费作为城市政策的一部分，还进

图 2.1 2011 年香港垂直城市化中的高层建筑
（申铉邦 摄）

一步解释了这一城市政策是如何消解那些抵制重建行动的。此外，人们对积累房地产资产的渴望催生了"房地产文化"，从而促使政府推动对全市范围内的投资以及建成环境再投资的合法化。也就是说，"尽管绅士化概念多见于对东亚地区的研究，但它可以很好地描述香港由来已久的、隐藏在房地产文化和房地产市场中的一整套阶层关系及运作规则"（Ley 和 Teo，2014）。

东亚地区投机性城市化的发展经验说明了发展型政府的重要性以及政府在促进经济发展方面的指导和干预作用（也正因如此，这些国家的政府能够解决普通民众的经济需求，并促使其治理合法化）。对于与东亚投机性城市化发展背景完全不同的地区而言，比如中东地区，资本积累的潜在逻辑以及依托建成环境投资的空间修复都为绅士化的出现提供了条件，尽管这与中东地区特有的城市发展历程相关（Chakravarty 和 Qamhaieh，2015）。例如，Krijnen 和 DeBeukelaer（2015）在对贝鲁特（黎巴嫩首都）的介绍中提到，在 20 世纪 90 年代早期的战后重建时期，房地产成为贝鲁特重要的经济产业，建造于 20 世纪 50 年代的低层公寓被拆除，高层的高档建筑取而代之。国内冲突和宗派主义在绅士化发展中的作用，尤其在推动或阻碍绅士化发展及人口置换方面异曲同工。政客们大量涉足房地产业，侨民（尤其是工作和生活在其他中东国家的黎巴嫩侨民）也不断购买房产，使得大多数新售出的公寓基本无人居住。在黎巴嫩，虽然有一部分商业建筑是通过修复实现再开发的，但大多绅士化项目为新建建筑。自 1943 年脱离法国独立以来，黎巴嫩政府从未为民众提供过任何福利，最多就是通过宗教或者宗教团体为人们提供廉租房。

阿布扎比、迪拜等阿联酋城市一直致力于通过受石油贸易资助的大型项目来推动城市化发展（图 2.2），同时，对于当地的大型（跨国）公司及其员工而言，这些阿联酋城市是"投资的安全港湾和有吸引力的住所"（Chakravarty 和 Qamhaieh，2015：60）。然而，由于这座城市可供租赁的住房长期短缺，相较于那些具有较高技术水平的移民而言，那些中低收入的外籍租户则常常处于居无定所的状态。在阿布扎比，那些控制大部分房地产项目的开发商小圈子成员要么是半政府所有，要么与统治集团主要成员关系密切，换言之，它们实际上处于政府

图 2.2 阿布扎比壮观的城市化景象（Clara Rivas-Alonso 摄）

的控制之下（Davidson，2009：72）。众所周知，房地产公司的股东也同时担任公共职位，这就导致私营公司和政府之间的界限很模糊（Chakravarty 和 Qamhaieh，2015）。在阿布扎比、贝鲁特等中东地区城市，房地产业和国家之间的联系更为紧密，主要原因有三：其一，受长达10年的战争影响，贝鲁特市中心人口较少；其二，贝鲁特市中心的大部分房屋都被前黎巴嫩总理建立的 Solidere 公司收购；其三，政治权力和私人资本都集中在同一人手中，这为贝鲁特市中心区大规模重建创造了更为有利的条件（Elshahed，2015：136）。

全球郊区化与周边城市的发展

最近，人们重新对郊区化问题产生了兴趣，相关研究主要聚焦于郊区空间的治理以及基于土地和基础设施投资的空间重塑，这些投资通常为国内外精英联盟以及适应新郊区化的本地居民所主导。Roger Keil（2013）提出，"这里所说的'城市化'并非传统意义上的城市扩张，而是广义的郊区化"（第9页）。与其说 Roger Keil 是在质疑城市化在一定地理范围内的扩散（或是星球城市化），不如说是试图借由"郊区化"这一概念，来强调当前很多投资活动正在传统城市核心之外的地区（即郊区）上演。也就是说，现如今被视为发生城市化的地区中，即便不是大多数，至少也有很大一部分是城市边缘地区（即郊区）（Keil，2013：9），包括建造各种形式的新建筑，从封闭社区（街区规模）到新城镇，再到经济特区（大都市或区域规模）。

选择性投资常发生在城市与农村的边缘地带。有时，为了在农村地区建立城市"滩头堡"，人们会通过创建特殊区域的方式进行跳跃式开发。由于一些项目的发展目标是将其所在地区转变为"世界城市",或是举办大型活动来提高主办城市或国家的地位,农村社区往往会成为土地征用和拆迁的对象(Goldman, 2011; Shin, 2012)。那么,如果将农村的土地全部让出并将其改造为一个以吸引精英、专业人士以及富人为主的新乡镇,这是所谓的"绅士化"吗?迄今为止,绅士化研究尺度通常为街区尺度,而上述城市化现象已经超越了这一尺度。例如,在印度班加罗尔一个建设信息走廊的区域开发项目中,农民被迫以低于市场的价格出售他们的土地。再比如里约热内卢的 Autódromo 村项目(Vainer 等, 2013; Roller, 2011),Autódromo 村位于郊区的 Barra de Tijuca 社区附近,该项目包括对奥运基础设施的一系列投资和城市大改造,与其他许多类似的拆迁案例一样,这一项目影响了成千上万的家庭(dos Santos Junior 和 dos Santos, 2014)。Goldman(2011)的研究表明,在半官方机构、国际金融机构以及包括国际咨询公司在内的跨国政策联系网络的共同推动下,IT 行业成为房地产项目的滩头阵地。为了给精英和优秀的外籍人才提供住所,城市开始开展利润丰厚的房地产项目以建设全新的乡镇,在这一过程中,开发商为了追逐高额利润,不断掠夺土地、拆毁村庄,大量农民流离失所。尽管那些土地被掠夺的农民生活艰辛,班加罗尔政府却置若罔闻,始终以城市中心及周围地区的土地拆迁和房地产投机为其主要任务。

在地方政府、住房管理机构、(跨国)建筑公司、国内/全球资本等的共同推动下,新的绅士化项目得以顺利开展,对项目所在地而言,班加罗尔曾发生过的一切,大概率会重复上演,只是规模要小一点。由于土地补偿赔款是根据开发前评估的地价进行测算的,因此在征用周边地区或农村地区土地的过程中,通常会造成不平等和剥削,村民和其他土地使用者失去了从土地开发后的高价值中受益的机会。正如 Goldman(2011)所说:

根据土地征用法——该法以 1894 年英国殖民地土地征用法案为基础,如果某一项目是为了"国家利益",那么政府可以从农民那里获得土地,但必须提供一个公平的市场价格(见 D'Rozario, n.d.)。然而,由于其有权选择较低的农村市场价格,而非高消费的城市土地市场价格作为参照标准,卡纳塔克邦工业区发展委员会(KIADB)只向普通农民提供了微薄的补偿。上述不同的选择标准构成了"租金",并推动了新的城市经济结构及治理结构的形成,即:房地产中介和投机的黑色、灰色和白色市场,为新建高速公路、出口特区和乡镇而进行的巨额交易,为迈向世界城市"经营"转型步骤的新治理体系。

将农村周边地区转变为房地产和工业生产中心的关键在于土地投机和强制征用土地。孟买的情况再次证明了房地产领域的次级循环是如何超越初级循环,使孟买及其邻近地区完全城市化的。Datta(2015)关于印度创业型城市建设的研究表明,已经有越来越多的人认识到房地产业的重要性。此外,她还强调了印度政府在推动印度巨型城市化过程中所起的作用(图 2.3),这成为资本积累的新途径。显然,这很好地展现了"印度式"绅士化或新奥斯曼化。

图 2.3 2010 年孟买的巨型城市化
(照片由 Andrew Harris 提供)

对于统治阶级而言，相较于密集的城市核心地带，在相对自由和社会约束小的城郊或远郊地区建设新房屋更具吸引力。以开罗为例，Mohamed Elshahed（2015）认为开罗的城市化是以郊区城市化为主。军方把其所有的荒地直接销售给私人投资者，带来了私人郊区庄园的出现。尽管私人投资者对历史悠久、古迹众多的开罗市中心很感兴趣，但受当地的租金管制以及业主和继承人之间复杂的法律纠纷的影响，市中心的绅士化仍未起步。正如Elshahed（2015）所说：

> 受到地理位置的限制，市中心的绅士化发展潜力有限，也正因如此，城市房地产投资主要集中在城市边缘地区，使得郊区如雨后春笋生长般迅速发展起来……潜在的绅士化群体——年轻夫妻们，往往无法通过银行贷款的方式来购买和装修位于市中心的房产，但在新建的郊区贷款买房就容易多了。（第125页）

但是，这并不意味着历史悠久的市中心将会一直保持原状。在房地产市场日益蓬勃发展的当下，未开发本身就意味着更大的发展潜力。Elshahed（2015）认为，对于市中心而言，其历史文化片区之外的地区仍存在绅士化的可能，主要反映在以下两个方面：其一，市中心地价飙升而投资回报有限，导致市中心土地租差大（第125页）；其二，巨大租差导致开罗市中心一些破旧建筑被大规模收购（尤其是市中心的工薪阶层居住区以及历史片区的居民区），取而代之的是高层住宅，但这种操作是非法的。此外，政府还会强制驱逐数以千计的家庭以服务于经济发展，这也在一定程度上促进了绅士化的发展，比如在开罗市中心以北的马斯佩罗三角地带建立了一个新的中央商务区（Elshahed，2015：126）。

需要明确的是，外围地区城市化或郊区化的加速发展绝不是应对中心区投资受阻的无奈之举。事实上,这两个进程相辅相成,是动态、非均衡发展过程的一部分。非均衡发展意味着一个地区的发展会对其本身的进一步发展造成阻碍,导致发展不足,从而使新发展阶段的到来成为可能,因此绅士化所引起的人口置换可能促使城市周边地区发生城市化或郊区化。例如,据《伦敦公共住房的反绅士化手册》(*An anti-gentrification handbook for council estates in London*)(London Tenants Federation 等,2014)显示,从伦敦市中心迁移出去的人口大部分都流向了伦敦周边地区。智利圣地亚哥也出现了类似的情况,市中心的低收入人群由于不具备在其原有社区或周边继续居住的经济条件,不得已搬至郊区,从而进一步加深了拉丁美洲长期以来由贫困所引发的郊区化(López-Morales,2013a)。

在这样一个非均衡的发展和积累过程中,外来投资不再局限于市中心,"城市与郊区的差别将随着农村地区的城市化进程而逐渐弱化"(Smith,1996:85)。因此,我们更加需要重新审视现有关于非典型绅士化的研究,比如在一些反城市化文献中提及的有关农村绅士化的部分(Phillips,2004)。研究反城市化的文献大多以英国农村为背景,多通过考察农村移民的特征找到他们和城市绅士化群体的异同点(Phillips,1993、2002)。但 Grimsrud(2011)警告说,尽管欧洲或者美国核心地区出现的反城市化现象可以为其他地区的研究提供一定的经验,但绝不能不加批判地照搬,比如挪威城乡移民的主要动因是经济或家庭因素,而不是反对城市生活的个人偏好。此外,Eliza Darling(2005)曾以美国的一个自然公园为对象开展过"郊区绅士化"研究,研究表明这也是资本积累的潜在逻辑,因为它创造了一种不同于城市地区的具有地域特色的投资形式,并且为租客和度假游客提供了良好的生活环境。

新城市主义、再城市化和绅士化

上一节主要讨论了星球城市化和全球郊区化的最新研究对绅士化研究的影响。接下来我们将视线转至北方国家的后工业化城市，众所周知，这些城市出现了城市内部人口减少、去工业化产物"棕地"、传统城市核心地区的金融化（尤其是在全球投资竞争中领先的城市）等现象。20世纪90年代以及21世纪初在西欧和北美国家流行的"新城市主义"是一个很好的切入点，因为它近来对房地产市场和绅士化产生了一定的影响。在郊区蔓延、去工业化以及在一定程度上确有发生的城市萎缩等对城市发展具有负面影响的背景下，"新城市主义"的出现为资本主义后工业化时代城市发展负面后果的补救带来了转机。新城市主义呼吁通过增加高密度建筑、注重建筑和景观设计以及可持续发展等举措来营造一种新的社区感（Calthorpe, 1993；有关新城市主义及其最佳实践地位的更多批判性讨论，请参阅 Moore, 2013）。尽管在西方的内城改造过程中，通常通过拆除和重建公寓的方式来强化现有的建筑结构，以最大限度地提高开发商或个人投资者的投资回报率，但这一趋势在逐渐改变，越来越多的新建筑正在涌现。打着"新城市主义"旗号的项目为了实现内城生活与郊区生活的结合，通常将新的住宅开发项目冠以"城中乡村"或其他类似的标签。新城市主义项目也经常将废弃的旧工业用地改造为住宅，为年轻人提供临时住房，问题是这一现象是否属于绅士化。

在关于伦敦码头区前工业用地城市更新的讨论中，考虑到新住户的特殊愿望，Butler（2007b）对于是否可以使用"绅士化"一词来描述该地区的发展转变十分谨慎。在新工党政府执政时期，新城市主义逐渐兴起，已经停滞了数十年的伦敦码头区的重建工作得以重新开展。尽管该项目以资本投资为明显特征，但新住户似乎与郊区居民具有相同的生活状态，即"靠近城市但不在城市中生活"，即便二者的社会属性和家庭结构如同生活在郊区的单身汉和空巢老人一样大相径庭（Butler，2007b：777）。

Butler 对绅士化群体（再城市化中的新居住者）的习惯性关注显然影响了他对绅士化的理解。在以城市衰落和贫困为中心的当代城市社会政治框架中，有利于城市复苏的公共政策被视为促进新住宅开发的积极措施，这一现象在市中心尤为明显，一些人将其称之为"再城市化"，而不是"新绅士化"。例如，Boddy（2007）在关于布里斯托尔内城重建的讨论中提到，重建将会把大量商业用地转换为居住用地，为需要租房子的年轻人提供生活空间。由于没有明显迹象表明新住户会取代现有居民，并且这一现象也未引起公开政治争论，Boddy（2007）没有使用"绅士化"来描述这一现象，而是选择了政治上更加中立的概念，即"再城市化"（有关评论请参见 Davidson 和 Lees，2005；Slater，2006）。尽管有研究认为未入住的业主（在新地产项目中购买房产来投资，并对外出租）和开发商在进行投机活动，并且周边地区正处于绅士化之下，但其现实基础依然是内城地区的阶级重塑，并未受到再城市化的影响。

在上述关于再城市化的讨论中，我们可以发现有些问题有待进一步研究。比如，有些人买房是为了出租获利，属于明显的投机行为，但仍将此类人群定义为投资者。此外，一些著作对于与绅士化相伴而生的人口置换现象理解不够全面。

在再城市化理论中，是否发生人口置换现象是判定绅士化的关键要素，但 Boddy 所理解的人口置换与 Marcuse（1985a）是不同的，他认为只有当人最后无处居住的时候才可称之为置换，对于现有零售商店、工作场所以及过去与这些地方有某种程度的归属感或感情的工人的搬迁缺乏考虑，这导致 Boddy 所理解的人口置换（物理性置换）仅仅是 Marcuse 对人口置换理解的四个维度之一（其他三个维度是连锁型置换、排斥型置换和强制型置换）。Davidson 和 Lees（2010：408）否定了以工人阶级缺乏物理性置换为理论基础的再城市化主张，他们认为新住宅的再开发与"更广泛的社区阶级性质的改变"是相伴相生的。此外，他们认为"人口置换在时间和空间上处于不断变动之中"（Davidson 和 Lees，2010：400），不应该将其简化为"某一居民被强迫/胁迫而离开其所居住的房子/街区的时刻"（同上），他们呼吁要更细致地理解人口置换过程。他们还借鉴了 Marcuse 的置换类型学和 Yi Fu Tuan 对空间和地点的区别，提出："置换不只是指空间错位的瞬间"（第 402 页），"对置换的现象学解读有力地批判了从实证主义视角分析置换的研究，这意味着置换现象的分析重点不是空间事实或迁移发生的那一瞬间，而是与置换相关的'情感结构的改变'和'地方感的丧失'"（第 403 页）。因此，通过资本再投资对城市空间进行阶级改造，在一定程度上加剧了工人阶级和贫困居民的流离失所，并强化了他们对长期生活的地方的疏离感，如新城市主义者在社会混合或城市复兴言论的引导下开展的内城重建（Bridge、Butler 和 Lees，2011）。我们期待未来的绅士化研究能够更多地从现象学视角分析人口置换，并考虑到居民（居住者和业主）在绅士化过程中失去家园和工作场所而产生的情绪。

小结

在本章的开头我们提到过,即便有人曾提出郊区和农村也存在绅士化现象,但绅士化研究的地理核心仍长期集中在城市中心区(Lees、Slater 和 Wyly,2008:135-138;Charles,2011)。早期对城市中心或单中心的关注在一定程度上反映了现代主义思想对城市发展及演变的影响。近年来,在多尺度上对城市和城市化问题开展的创新性和开创性研究层出不穷,也使得我们开始重新思考核心-边缘关系,以及城市发展多样性引致的多中心的出现。总之,特定的地理位置(如城市中心)不应成为绅士化发生的必要条件,同时,我们也不应该对绅士化进行预判,即认为绅士化是发生于某种预先定义的条件(原有建筑)和尺度(如当地社区)的基础之上的。

每一个城市都向往成为世界城市,这种向往是具有传染性的,它会促使一个国家内的其他城市通过效仿那些更有影响力的城市的"世界性"来促进自身发展(Roy 和 Ong,2011),这带来了房地产投机的兴起以及投机性城市主义的盛行(Goldman,2011;Shin,2014a)。随着土地价值的上升,房地产对资本的吸引力变得更为显著和持久。但我们需要清楚,并非所有的人口置换都是由绅士化引起的(见第 7 章关于城市开发引起的人口流动)。更为重要的是,我们应该将绅士化视为城市化发展的一个过程。然而,在 Merrifield(2013b)看来,新奥斯曼化席卷了城市地区,将每个地块和地产都变成飘浮在空中、等待投机者的虚拟商品:

当今世界正在发生着新奥斯曼化。在奥斯曼时期的巴黎,中产阶级攻下了城市中心,城市中心被富人占据着,穷人则被派到城市边缘的郊区生活,尤其是巴黎东北部地区。我希望大家不要天真地认为这种现象只在个别城市上演,而是要意识到新奥斯曼化正在重塑整个城市的结构,城市中心和郊区都是如此。(第13页)

新奥斯曼化的出现可能是星球绅士化的开端,绅士化可能将不再有中心地区和外围地区、街区尺度和大都市尺度、渐进式升级和大规模重建、物理性置换和现象性置换以及住宅和商业的分别。新奥斯曼化与绅士化的共同点可能在于资本积累这一特性,尤其是房地产领域的次级循环优势不断放大,从而使得绅士化以更加多元的方式在世界范围上演。就像很多评论家总是强调对概念和语境的理解一样,绅士化的地点选择十分重要(Lees,2000)。除此之外,"绅士化的秩序和简单性"也是不可忽视的,它使得我们的眼界由局部的街区改造扩展至整座城市,乃至全球,不仅汇集了(国内和跨国的)绅士化学者,还包括可以挑战现有社会、经济和政治秩序的城市社会运动。

试想一下,在全球性发展的过程中,绅士化会演变成什么样子呢?它会经历质变,变成完全不同的另一个东西吗?虽然Ruth Glass没能看到绅士化在全球范围内的发生,但是她十分清楚定量思维的重要性(见第1章),在20世纪60~70年代,街区一直被认为是绅士化的基本单位,发生在更大地域范围的绅士化现象并不被认可。许多关于绅士化的研究项目都受到传统城市观念的影响,它们只专注于一个很小的区域,从未尝试与城市的其他部分、其他地区甚至是世界其他地方联系起来。Keil(2013:10)强调了探索城市化如何在郊区开展的重要性:

世界的各个角落都存在着很多的分离和战争。在后殖民时代和后郊区时代，郊区传统的形式、功能等都很容易与其他地区融合、重塑，甚至被其他地区所取代。因此，我们将面临共同的挑战，绝不能再像以前那样，片面地把目光集中在市中心，而应该把眼界放大，着眼于更广阔的天地。

近年来，绅士化研究经历了各种挑战，正在逐渐脱离传统的假设，比如研究焦点仅集中在城市中心、住宅景观和城市修复等方面。正如我们所说的，城市化进程正在全球范围内展开，因而需要进一步完善相关理论，以引导研究工作与新兴城市化进程相结合。

3

新经济学

南方世界国家某些地区出现的绅士化现象与其快速发展的城市化经济之间似乎存在某种联系。当我们将视角转向那些处于资本主义世界"边缘"的城市，即发展中国家城市时，会发现绅士化背景之下，这些城市新自由主义的开展方式与发达国家城市有所不同，如通过当地（有时是全球性的）政府在空间上部署权力的方式，或是通过国家干预以实现发展目标的方式。我们所理解的新自由主义并不是一种将跨国精英凌驾于地方关系之上的殖民化力量，而是一种与地方权力关系相互交融、推动各地资本关系形成的力量。例如，东亚发展较快的国家和地区（韩国、新加坡、日本和中国台湾）常常被贴上"附庸"的标签，这是由于在20世纪冷战时期这些国家或地区对美国依赖性极强，导致他们在这一时期并未真正经历新自由主义阶段，但随着时间的推移，这些国家或地区的政策也在不断发展、成熟（Park、Hill 和 Saito，2012；Tsai，2001；Yeung，2000）。同时我们应该认识到，全球范围内新自由主义发展和传播的速度是非均衡的，这也反过来影响了某些"新自由主义"政策的全球性传播。不同地理尺度下的资本关系在本质上是不平衡的，无论是单一国家还是跨国界均是如此（具体例子参见 Zhang 和 Peck，2014），而绅士化作为一种空间过程，则会使这些关系更为极化。因此，在全球尺度的研究中主张单一"形式"的绅士化是没有意义的。

在本章中，我们将通过分析六个经济方面的问题来了解星球绅士化的本质及新特点。首先，绅士化可以被视为一种工具，用以促进全球范围内的资本从工业生产初级循环向建筑环境次级循环转移。其次，由于绅士化过程中通常会以新建建筑取代原有建筑，因而绅士化也是一种对建成环境中固定资本的大规模、创造性的破坏力量，这使得包括房地产投资在内的投资活动总是在寻求更高的资本回报率，资本总量成倍增长。第三点我们将探讨城市再开发中存在的生产、非均衡的积累以及有关地租的争议，Slater（2015）也称之为"星球化"过程。地租理论曾被认为是一种自然发生、不可逆转的现象，然而随着最近有关地租理论的研究不断升温，人们发现它能够通过国家、大都市、城市和社区之间复杂的相互作用，解决城市快速转型中常见的经济力量和社会主体间的不平等问题。同时，由于私人收取地租这一行为（López-Morales，2011、2013a；Shin，2009a、2009b；Slater，2006；Marcuse，1985a）通常具有阶级垄断性（Jaramillo，2008），研究租差也有助于考察绅士化主导下的人口置换现象。许多拉丁美洲国家的学者也相继对政府获取的土地价值进行比较讨论，并将其作为地租社会再分配讨论的一部分（Smolka，2013）。20世纪90年代起，有关租差的讨论逐渐减少，尽管Slater（2006）认为绅士化研究中需要更多地关注低收入人群被迫搬迁的问题，但仍然很少有人从绅士化经济与置换、排斥的联系角度开展研究，而是更加关注下列看似关键的问题：即城市重建过程中土地交易的获利者是谁；当原先居住在此的居民仅获得微薄补偿，而房地产开发商却获得巨额利润时，他们是否依然会选择出售土地，或是会做出其他什么选择。尽管在20世纪80~90年代，北方国家对于地租理论的研究达到了高潮，但关于租差现象的影响并未得到明确结论；而现在学者普遍认为，绅士化对土地经济的影响具有全球性，是其"星球化"特质之一。

第四是其他城市资源的阶级占有，以"空间资本化"为例（Rerat和Lees，2011），它是指"高收入社会群体有意无意地经由交通导向下的公共政策改变城市空间机会的行为"（Blanco等，2014）。第五个方面是当代资本主义国家的公共和私营部门参与到内城贫民窟、移民区和棚户区的再开发中来，即所谓的"城市企业家"（Harvey，1989a）。鉴于学界和政界对城市

"政策流动"现象的兴趣日益浓厚（McCann 和 Ward，2010；Robinson，2011a；参见第 5 章），我们进一步探讨了政府和资本家在城市生产、分配等过程中的相互作用，以及绅士化在其中所起的作用（我们也在第 6 章讨论了交通导向的发展）。

第六个方面我们探讨了全球范围内是否存在一种新的、不同于北方战后经济背景下（文献中有关绅士化的主要形式）的绅士化。在最后一节，我们讨论了绅士化在后社会主义国家、亚洲四小龙（韩国、中国台湾和中国香港等），以及不同于中国和越南等转型经济体的工业化资本主义国家中产生的影响。对于巴西、智利、墨西哥等的城市而言，绅士化与全球资本流动的融合以及房地产在城市经济发展中的重要地位均表明，"传统"的城市空间（通常以贫民窟和内城衰退为特征）和新兴"绅士化"城市空间（以满足富人和国际游客的需求为目标）之间存在经常性的冲突。最后，我们研究了债务危机对美国绅士化的影响。

绅士化与全球经济

受到马克思和恩格斯的《共产党宣言》的启发，Schumpeter（1976）将资本主义定义为"创造性破坏的过程"，宣称资本主义能够从"内部"不断改革其经济结构，从而摧毁旧的经济结构、创造出一个新的经济结构。资本家则根据新技术进步的情况，不断更新其固定资产、生产资料、各项基础设施以保持竞争力。正是这种力量，不断支撑资本主义城市成为生产和竞争的机器，支撑绅士化在新一轮利润和资本积累中开辟空间，尤其是在有大量开发商、投资人参与的情况下将绅士化与服务于城市转型的综合国家政策相联系。而这不仅发生在南方大多数国家，美国（Mueller，2014；我们稍后讨论该案例）和英国也有发生（Davidson 和 Lees，2010）。显然，从"奥斯曼化"和《共产党宣言》到当代资本主义和新奥斯曼化，其间发生了质的飞跃。后者"整合了金融、企业和国家利益并席卷全球，一方面将原住民驱逐到后工业化、经济疲软的地区生活，另一方面以强行清空贫民窟和强制性土地征用的方式没收土地并控制土地价格"（Merrifield，2013a：915）。

　　Schumpeter 认同上述观点，并支持马克思提出的"资本主义最终必定会消亡，但事实是迄今为止资本主义已经不断改变并演变成了新的产业组织形式"。尽管在这一发展过程中，资本主义数次陷入重大危机，但危机也驱使资本家将资金从初级循环转向固定资产等次级循环中，也就是投向建筑环境和城市空间。David Harvey（1973、1982、2010a）研究证实，城市空间能够借助"资本转换"在资本扩张中实现更大价值。以2008 年爆发的次贷危机为例，虽然这一金融危机首先爆发于美国和英国，但对西欧其他国家也产生了显著影响（对低收入者、老年人和少数族裔带来了破坏性影响）。在次贷危机发生之前长达十余年的时间内，资本频繁地从二级循环转向依托抵押债券的投机性金融市场；而危机之后，这些资本又依托对城市土地和其他基本社会需求的"过度商品化"重新转入房地产领域，这些基本社会需求包括住房、交通、公共空间及医疗保健、教育、水处理、污水处理等其他公共产品（Brenner、Marcuse和 Mayer，2012）。再比如发生于 20 世纪 90 年代后期的亚洲金融危机，这次危机不仅冲击了许多亚洲经济体，还对拉美地区造成了五年之久的影响。分析表明，由于能够缓冲初级循环对经济的冲击，资本的次级循环在此次金融危机中起到了巨大的作用（Shin 和 Kim，2015；Shin，2014a），因而成为一种促进经济发展和增长的手段，这在美国大萧条期间的新政以及后来其他西方国家发生的危机中也很奏效。

相较于其他稳定性更差的经济部门，城市空间允许一定范围内的资本累积（例如房屋出租产生的固定租金），是一种有效的资本固定形式，但有时也会以重塑城市空间的方式为新一轮资本积累腾出空间。因此，城市空间重组不仅是全球性资本积累诱发金融危机的表现形式，也是消除危机的手段（Harvey，1973）。由于城市空间的变化不会像经济发展那样快，因而不符合经济发展特征的城市空间可能会阻碍城市改造，需要通过空间重组以服务于经济发展和城市改造。又或者正如 Rachel Weber（2002：519）所说，"当资本流向房地产领域，其流动性会大大降低，这一过程可能会伴随着一些摩擦和变革"。

自 20 世纪 70 年代初期起，英美等发达资本主义国家的工业城市开始了长达十余年的去工业化，此次资本转移所引发的全球性破坏极为严重和广泛，是可以载入史册的重大事件（Hall，1999）。后福特主义制度下灵活的生产技术取代了福特主义下发展起来的工业结构和基础设施，那些曾经充满活力的工业区被次级循环主导下的城市经济所取代，其中以房地产建设为目的的土地开发有望成为资本积累的主要途径，这也就是 Lefebvre（2003）所说的"城市革命"。

另一个鲜为人知的例子是 20 世纪 70 年代初在智利开展的新自由主义实验，这在全球范围内当属首次。新自由主义的重构旨在摧毁前凯恩斯工业化制度下形成的体制机构和生产能力，以尽可能彻底地消除国际贸易、国内资本市场自由化和对外开放金融市场的阻碍（Gatica，1989）。这导致制造业在全国经济体量中的比重大幅下降，占 GDP 的份额从 1960 年的 26.3% 降至 1980 年的 21.6%，就业人数占全国总量的份额从 1960 年的 40.7% 下降到 1979 年的 16.5%。同时，在前凯恩斯主义制度下，居住在生活稳定性最差的飞地中的劳动者有 40% 到 50% 属于工业无产阶级（Castells，1974），而 1975 年起，生活在飞地中的人只有 20% 为无产阶级，35% 的人成为自由职业者，但由于自由职业的稳定性较差，低收入人群的失业率也从 1971 年的 18% 升至 1984 年的 35%（Chateau 和 Pozo，1987）。1976 年，智利开始推行很多新政策以鼓励大规模资本转移，如不再对未开发土地征税，降低土地交易税率，清算国有城市土地储备，将土地所有权下放至家庭（仅圣地亚哥一城就有超过 10 万户家庭获得土地所有权，当时总人口为 400 万，而他们现在面临着新的税单），驱逐非法占据高地价土地的居民，还通过立法取消了对城市扩张的大部分限制，以及通过建立面向私人融资者、房地产商和开发商开放准入的自由土地市场来瓦解现存的社会住房体系。而后，经济部门抢抓机遇，将现有闲置的前工业资本投资于土地和房地产市场，带来了国际信贷的快速流动。

近来，Alexandri（2015）将雅典作为一个后危机时代城市宏观和微观经济复苏策略的社会学范例，在失业率不断上升的情况下，非法移民、吸毒者和无家可归者只能在拥挤、压抑、即将被重建的市中心生活，尽管绅士化本质上是一场针对这些人的阶级战争，但政府通常视其为私营部门对社会的"伟大"贡献。希腊房地产市场的资本流动与人们的实际需求（居住、开放空间、便利设施、社会再生产等）无关，更多的是与私人资本稳定、再生产和扩张的需求有关。这一案例表明，资本转换恰恰是马克思（1973，Notebook VI）所提出的在资本主义生产中，不惜任何政治或社会代价，以控制利率下降（危机）以及通过投机行为创造新资本、加速资本价值积累的内在手段之一。

智利 20 世纪 70 年代初和希腊 2008 年后的发展经验表明，

新自由主义并不是完全的自由放任，而是一个由充裕的政府补贴和有利于市场的灵活的土地监管所保护的市场。智利和希腊这两个新自由主义专制国家都是通过收取地租、加强个体资本积累的方式实现快速资本化，并由此导致了私人主导下的城市市场扩张。这两个案例还表明城市空间不仅是生产的条件（例如承载制造业），还是生产要素本身，也正是因为它会受到剥削的影响，因而能够在没有资本初级循环或没有资本流入的情况下积累起来。总之，随着资本转向次级循环，通过剥削劳动力获利已不再重要，土地租金在城市投资中的价值大幅上升，也因而受到更多关注（Harvey, 1989a）。中国可能是一个例外，原因在于,尽管中国经济发展已经维持了至少20年的高速增长，但资本从制造业流向土地或房地产领域并不是为了应对过度积累的经济危机或者政治冲击，而是为了实现城市化和工业化的同步发展（第7章）。

绅士化与地租

投资于城市某块土地的资本贬值或者是新一轮目标地块的土地估值，都可能会导致基于当前用途的地租会大大低于其他用途下的地租。Neil Smith（1979）称之为"租差"，即当某一地块的土地重建利润丰厚之时资本会重新流入，重建成为城市化的主要形式，而建成之后，资本家将会以牺牲低收入人群的利益为代价从中获得巨额财富。这些低收入人群虽然居住于此，但会在重建之前被赶走。

长期以来，政策制定者和高级官员都在为城市重建所产生的人口流离失所而辩解，他们声称相较于绅士化进程所带来的积极影响，这个危害无足轻重（Slater，2006）。但是事实上，已有研究和本章分析都证明，由于地租理论能够为评估所谓的"地租剥削"、社会置换及排斥提供强有力的支撑（López-Morales，2011、2013a），上述人口置换问题也是绅士化的重要组成部分，而非"无足轻重"。Neil Smith（1979、1996）建立了一个模型来解释内城衰落及"再生"现象，模型设置中城市重建带来的租差属于资本次级循环的一部分，并且被垄断在一部分人手中（Lees、Slater 和 Wyly，2008）。

在20世纪70～80年代的北方国家中，由于投资郊区能够获得更高的回报率，资本开始向郊区流动，由此引发了工业城市内城地区的衰落，"边缘"国家也是如此，如20世纪70年代实行新自由主义的智利。由于在市中心投资具有高风险和低回报率，投资者大量撤资，从而带来了市中心长期的衰退和资本固化。持续数十年的郊区化使得市中心长期缺乏生产性资本投资，内城地区的地租不断下降，长此以往就出现了租差。租差的本质是因土地的低附加值而贬值的"资本化地租"（CGR，土地吸引的租金）和因周边地区建成环境改善而升值的"预期地租"（PGR）之间的差距。因此，考虑到城市内部的区位优势，土地预期收益往往意味着"最高的价值和最佳的土地用途"，或者至少是更高、更好（Smith，1996）。然而，这一预期收益只能依靠具有适应土地预期用途的高强度固定资产投资来实现。

当下，上述后工业化时期的情形已不复存在。因此我们首先要搞清楚的是，预期地租是如何变为现实的，尤其是在城市经济远比20世纪80年代的时候全球化程度更高、全球范围内的城市土地需求增加而导致预期地租更高的情况下。为了获得租差，政府、私人业主和投资者也开始扮演新的角色，政府比以往任何时候都更为果断地搭建了经济、法律和行政架构，私人业主和投资者仍寄希望于通过租金累积实现个人利益，但流动性和跨国性明显增强。尽管相较于全球北方，全球南方国家关于地租理论的实证研究相对较少，但具有不断增多的趋势。

面向全球租差的比较城市主义

自1979年Smith（1979）提出地租理论以来，它不仅成为绅士化的关键经济驱动因素，也成为世界各地冲突性房地产市场观察中的关键特征（Slater，2015）。这也在某种程度上证实了Lees（2000）、Smith（2002）、Lees（2012，2014a）和Lees等（2015）的论断，即随着资本在寻找新利润空间中的扩张和企业家政策转移，绅士化已经走向全球（见第5章）。但正如我们所说，全球范围内的绅士化并不是简单地从北方世界向南方扩散，而是全球与地方政治经济力量相互作用的结果，因而它往往会与当前高度全球化的资本主义世界所特有的各种制度体制交织在一起，这就要求我们更加深入地思考其作用过程和发生机制。

在后社会主义市场转型初期，Sýkora（1993,1996）最先（在英美以外的国家）关注到了布拉格出现的地价梯度，显示了社会主义计划经济体制背景下因缺乏可开发土地和公共建筑物而形成的城市"功能差距"（Lees、Slater和Wyly，2008）。近期，Wright（2014）对位于墨西哥和美国边境的城市——华雷斯的市中心做了一次创新性的女权主义研究，认为在洲际毒品战争中，墨西哥和美国各州未能彻底结束战争（尤其是对低收入妇女的屠杀），也未能解决毒品交易对经济发展的影响。当时，华雷斯的社会精英和政府试图开展城市重建计划，即通过压缩低收入的妇女和儿童居住、工作及生活的空间，强制驱逐与国家主导的企业发展计划不符的企业等方式,来抑制地租的资本化,扩大租差,将该地区改造为一个适合一般家庭居住的地方。同时,Wright 研究发现地租理论适用于解释这一社会背景下的城市土地问题。

20 世纪 80 年代,北方世界对于地租的分析通常假设所有地租均为地主所有,并以叙事的方式展开分析(Smith,1979、1996;Clark,1987),但即便以完全不同于上述分析模式的方式进行分析,也会产生新的问题。事实上,资本化的地租不都是为地主所有,还有其他的参与主体,如土地所有者(可能是低收入居民)、土地开发者(通常是占主导地位的利益相关者),甚至是在当地工作的跨国精英,就像 Sigler 和 Wachsmuth(2015)在有关巴拿马的研究中所分析的那样。分区法以其灵活的特征为开发商所青睐,以智利和墨西哥为例,这些国家在长达几十年时间里都在实行大规模的国家土地所有政策,对于地租的分析显示,在当地建筑规范允许的最高土地使用强度内,开发商所得地租较之前有明显提升。因此,在土地所有权相对分散的城市经济中(这恰恰是新自由主义所追求的),一旦重建浪潮开始,很多家庭土地所有者在出售土地时所能获得的地租往往较低,并且最终会因无力购买改造后的高层住宅而注定被排除在住房市场之外。当这些家庭出售土地给房地产开发商时,其土地价格具有垄断性(即一个买家面对多个卖家),而非通过竞标敲定,这会降低他们售卖土地的价格,对以后的生活和居住带来影响。在智利(López-Morales,2011、2013a)、墨西哥城(Delgadillo,2014)以及首尔(Shin,2009a)等地还出现过当地业主加入地产公司以获得部分地租的情况。巴拿马旧城区的再开发(Sigler 和 Wachsmuth,2015;见图 3.1)是以"跨国绅士化"形式开展的,为了追求悠闲的生活方式,他国投资者开始迁入巴拿马旧城区,一方面提高了街区改造需

图 3.1 绅士化背景下的巴拿马城旧城区（照片由 Thomas Sigler 提供）

求，另一方面由于其购买力远高于当地居民，大大提升了土地的预期价值并将本地投资者排除在竞争之外。该研究为从全球甚至帝国主义的视角理解租差提供了一定参考。

López-Morales（2010、2011、2013a、2013b）以智利圣地亚哥为例开展的地租研究表明，如果原业主通过土地交易所获得的收益不足以支撑其购买新房子，原业主与土地开发商之间就会出现冲突。由于受教育程度有限，低收入的原土地所有者缺乏议价能力且无法通过法律手段实现其正当诉求，加之开发商为了避免竞争往往提前收购土地，从而对尚未出售土地的业主施加压力（这可以被称为"街区房地产欺诈"，原因如下所述）。在圣地亚哥最贫穷、最荒凉的地区，居民收入水平从中等收入到低收入不等，甚至在很多尚未发生绅士化的地区还存在着很多低收入者和移民租户，城市重建对他们来说是十分残酷的（图 3.2）。

此外，人们最近才开始深入研究预期地租的本质及其在吸引资本和政治力量方面的优势。例如，如果说 Smith（1979）和 Clark（1987）所提出的"房地产商和投资商正在合力降低房产和土地价格"是扩大租差的方式之一，那么 Hackworth（2007）近来提出的"发生于美国和加拿大经济衰退时期的绅士化标志着房地产市场正在逐渐降低对资本化地租的依赖，并

图 3.2 2014 年绅士化背景下圣地亚哥城贬值房产与高层建筑（照片由 Daniel Meza 提供）

且在逐渐加强对国家主导下的土地和建筑法规的依赖"则是更多地放大了预期地租。López-Morales，Gasic 和 Meza（2012）批判性地研究了智利通过扩大容积率（FARs）（即建筑物总建筑面积与其基底面积的比例）的方式改造街区的这一国家政策。此外，Shin（2009a、2009b）针对中国和韩国、Sandroni（2011）针对巴西的类似研究也表明，土地再分区及容积率调整是土地租金上涨和社会分配不均的主要驱动因素。

Shin（2009a）讨论了政府在首尔市低标准住宅租差形成中的作用，对于如何在城市长期发展规划中以低标准住宅为重建对象提供了一定的参考（或参见 Lees，2014b、2014c，有关于伦敦公共住宅的分析）。政府的强制规定以及缺乏明确的房产所有权这两方面因素都不利于投资者在这些地方开展长期投资，也不利于吸引个体"绅士化者"，除非具体的开发政策能够尘埃落定。虽然撤资在一定程度上造成了租差，但在城市投机高度发展的背景下，低标准住宅与周边房地产发展较为繁荣地区的差距也在不断拉大，地租差距的拉大是不可避免的（Shin 和 Kim，2015）。考虑到房地产公司能够与低收入业主合作并支付一定地租，因而只有依托外部利益集团的联合干预才能缩小租金差异、推进绅士化进程。

图 3.3　2013 年首尔重建项目的拆迁场景（申铉邦　摄）

Shin 和 Kim（2015）关于首尔的研究进一步证实，城市重建的内生动力促进了 20 世纪 80 年代早期以"新建建筑"为特征的绅士化兴起，并在依托于高强度投机的城市空间重组过程中起到了决定性作用。城市的空间重组最初是由"联合重建计划"（JRP）这一力度最强的住宅重建计划以及后来基于此开展的重建计划所促成的，这些计划旨在最大限度地提高房东的利润，而非改善被赶出去的低收入居民的住房福利（Ha，2015）（图 3.3）。其他新涌现的案例中也有一些相对分散的空间重组，如在布宜诺斯艾利斯广阔的巴勒莫地区那样（Herzer，2008）；也有一些更为集中的重建行动，如通过大型活动、大型建筑项目、城市"再生"计划和各种"增长机器"联盟来实现土地投机和资本化（Porter，2009；Raco，2012；Shin 和 Li，2013）。Shin 和 Kim（2015）认为，早期绅士化研究中所忽视的一点是，首尔发生的以"新建建筑"为特征的绅士化不只是北方国家的复制品，还具有在新自由主义国家强大影响力下显示出的独特性，因为如果没有这些大型企业与韩国政府开展合作，首尔的绅士化进程就无法稳固推行。

将绅士化与地方权力关系联系起来也是了解南方新兴经济体中极具影响力的房地产业和建筑业的关键，对于部分城市来说，这些产业已经渗透到国家和地方层面，同时有研究表明应该在这些城市的中心地区实施企业政策法令，如北京、首尔（Shin，2009a、2009b）、墨西哥（Delgadillo，2014）、布宜诺斯艾利斯（Herzer，2008；Herzer 等，2015）等。世界范围内的研究显示，强大的私营经济力量和制度安排对绅士化的发展起到了支撑作用，具体来说，其将资金投向城市的土地和地产领域，以能够发挥土地"最高价值和最佳用途"的方式来创造和增加资本化地租，并且提供日益昂贵的住宅。换言之，要想真正实现关于住房和土地的再分配，那么相关公共政策应该围绕中低收入居民展开。这就使得全球中心地区的住房可负担性问题更为严峻。事实上，政府推行越来越多的公共补贴是为了收购中产阶层的住房，这有利于开发商更好地对土地进行规划分区，无论是在当地还是都市圈层面都是如此；此外，推行一系列有利于大型开发商的免税政策也是一样，它们都不是自然发生的，而是为了调整城市土地市场、为私营开发商和金融部门创收的政治策略。

土地所有者通常会对租户施加不同形式的阻挠和不合理的压力，以逼迫他们搬走，例如，大肆宣传新建住宅对邻近地区的负面影响（Gaffney，出版中）、金融机构特别是政府在划定开发边界上的作用（López-Morales 等，2014），这使得房地产投资不断减少并出现衰退。尽管不同国家和地区的经济实践有所不同，但投机性开发商的利益获取途径大致相同，即如何以最低的价格购买并以最高价格出售房产。

污名与贬值

政治家、政策制定者以及智囊团对全球南北方某些地区城市革新的负面描述会影响到租差的争论（Slater，2015）。尽管越来越多的研究指出，地域污名化与绅士化进程之间具有直接联系（Wacquant，2007；Wacquant 等，2014；Lees，2014b、2014c），但仍没有直接证据能够证明地域污名化加剧了租差的扩大，因而需要开展深入研究以从理论层面解释地域污名化这一紧迫问题（Slater，2015）。最近，那些与地域污名化有关的研究引起了很多讨论。Rachel Weber（2002）认为，正是由于"对即将拆迁和重建土地的污名化呈现越发明显的新自由主义"（第519页），新自由主义城市化时期的建成环境才具有更大的灵活性并且对房地产投资更加开放。她认为"过时"已经成为"一种新自由主义对其引发的创造性破坏的托词"，它集中发生于投资回报率最高且与全球金融资本的联系越发紧密的市场中（同上，第532页）。地方政府"通过与房地产商开展去中心化合作来促进和延续这一过程，而地方政府的其余部门呈现私营化趋势，越发强调服务、速度和企业家精神"（同上，第531页）。因此，无论是地域污名化还是改善建筑环境"质量"（可能已经开展，也可能之后会开展），都是城市积累的主要策略之一，并且将会在国家和地区层面广泛开展。

以香港为例，分析消除固定资本（或消费资金）的需求与通过地租提高投资回报率之间的矛盾。La Grange 和 Pretorius（2014）近期的一项研究表明，人们通常认为市中心的住宅多是陈旧过时的，而令人惊讶的是，这些住宅多价格低廉、位置优越，多数住户为低收入、弱势群体以及小型商业集群。对于香港而言，土地的现有价值和预期价值之间的差距是显而易见的，但这不是经济下滑导致的（正如我们在本章"后危机时代的绅士化"一节中所看到的），而是由于在高度密集的城市形态中土地征用和空置建筑之间会产生巨大摩擦，需要借助强有力的政策行动才能推动重建。

图3.4 2011年香港利东街的重建
（申铉邦 摄）

在香港，土地不仅属于国有和受管控的资源，还是垄断性的公共部门资产，具有重要意义。然而，由于私人开发中土地的物质和经济特性呈现良好的集约化，创造了大量的财政收入，这一开发形式为很多权威公共部门所认可。绅士化并不属于一项公共议程，而是备受期待的城市重建的重要成果。政府主导下的绅士化"制度"包括政府对土地租赁管理体系的监管具有垄断性。对于任何一块土地而言，更高的开发密度往往意味着更高的财政收入（对开发商来说也是如此），因此，政府一直非常鼓励提高开发密度。尽管市区重建局是一个具有企业性质的机构，并通过与影响力较大的开发商合作来推动重建项目，但其工作的重点是缓解被迫搬迁出去的低收入业主和租户的财务及其他困难，并帮助他们留在自己原来生活的街区（图3.4）。

在中国内地的一些城中村中，村民们希望通过投资的方式将部分或全部房产出租给外来租户以获取租金，因而这些城中村经历了一种非正规的密集化过程（Tang 和 Chung，2002；Wang、Wang 和 Wu，2009）。它们多被描述为不受欢迎的、不卫生的或者是城市犯罪的源头，特别是这些地方还妨碍了城市对外推广，如举办大型活动，也因而成为城市重建的目标区域（Shin 和 Li，2013）。随着城市化进程的推进，这些城中村的战略地位不断提升，因此当其土地被以"最高价值、最佳用途"来使用，来满足城市精英和富裕家庭对商业、住宅和商务的需求时，其预期利润会得到明显提升（Chung 和 Unger，2013）。由于与西方在租差扩大和消除的原始框架下得到的经验相矛盾，这些城中村的再开发具有典型性。具体来看，西方的原始框架是在前期撤资、在后期再投资，而发生于城中村的大量家庭投资则与其相反。"过时"和"污名"成为城中村重建的基础，政府和开发商能够以"最高价值和最佳用途"来利用这些未充分利用的土地（从政府和开发商的角度上），获得更高地租。

地租理论的复兴

在 20 世纪 80 ~ 90 年代，由于其理论假设否定了个人和社会机构对街区重建的影响，地租理论引起了很大争议（Duncan 和 Ley，1982）。尽管目前已经证实不断扩大的租差不是绅士化发展的充分条件，但地租理论仍具有一定的解释意义，其中最重要的是在重建过程中很多业主被迫将其土地所有权以低价出售（或放弃其土地使用权）给更强大的经济主体，却得不到足够的补偿，导致其无法顺利搬迁。

正如以上几个案例以及 Lees、Shin 和 López-Morales（2015）的详细介绍中所说的那样，全球南方国家的绅士化发展在很大程度上依赖于国家政策和重建中的巨额经济投资，学者通常会以可视化的方式开展研究。因此，与开发商强大的土地购买力相比，中产阶级绅士化的经典"标志"显得微不足道，这说明需要重新考虑"政府主导下"的绅士化和"绅士化"这两个名词的内涵,以便更好地理解开发商和生产者之间的关系。Eric Clark(2005)使用"用户"而非"居民"一词似乎有其道理。Slater(2015)认为地租理论无法传达任何关于新兴中产阶级的信息,一方面是因为这并不是该理论提出的目的,另一方面,新兴中产阶级并非绅士化的充分条件,因而不应该因此否定地租理论的价值(我们将在第 4 章讨论"中产阶级"的问题),对此我们表示赞同。此外,我们还认为银行家、开发商和政府在城市土地贬值和估值中所起到的作用是毋庸置疑的。正如 Slater(2015:19)所说:

> 租差的本质是阶级斗争,是许多工人阶级在当下这样一个"更新"或"振兴"社会背景下所遭受的结构性暴力……如果没有租差,我们不会像现在这样了解阶级斗争,也不会有一套如此清晰的批判性分析路径来解释和挑战城市投资与撤资的周期性循环。

也许与其他复杂的后结构理论相比,租差再简单不过,简单到反绅士化活动家可以只是通过简单的阅读、思考就提出反对意见,并将其与他们的日常生活相联系,试图挑战城市居住隔离这一主导系统(London Tenants Federation、Lees、Just Space 和 SNAG,2014):

> 识别租差并确定那些靠地租获利的机构对于制定抵抗和反抗策略尤为重要。这对于学者和活动家来说是一个重要的挑战,他们需要准确识别开发商、业主、投资代理人和政治精英盯上了哪片区域;向广大群众揭露这些参与者为获得利润采取的手段;以合理、严肃的方式关注那些没有以"最高价值和最佳用途"使用土地的人;指出以"经济增长"和"创造就业"为名义的再投资所带来的弊端;研究共同抵制的可能性;恢复城市内部土地、街道、

建筑物、住宅、公园和中心地区（实际或预期）的使用价值。(Slater, 2015: 20)

空间资本与绅士化

相较于北方世界，20世纪80年代背景下，全球南方国家的绅士化进程与公共政策之间的因果联系更为紧密。此外，尽管宏观层面的投资和变化增加了某些街区的可达性和流动性，从而人为地推动了"空间资本"的形成，但受到当时认知的局限性，人们未能理解到这一点（Rerat和Lees，2011）。对于南方城市而言，"城市洼地"最容易发生绅士化现象，并在重建后开始向高端办公、居住及服务业发展。在新兴经济体和不断扩大的城市市场中，由于长期以来都忽视了服务、设施和交通建设，当下各类街区（市中心或郊区）都开始开展大规模的基础设施重建工作。

借鉴Urry（2007）的观点，Blanco等人（2014）认为流动性是相对的。事实上，根据人们生活和工作的地点以及时间、经济或文化资产等其他背景约束条件，的确存在一系列可能的流动性。人们的日常活动范围也会受到可用的交通工具和沟通渠道的影响，这会使得一些地区比其他地区更受欢迎，从而更有可能获得高文化水平、有经济实力的群体的关注。空间资本实际上是进入、能力和使用之间相互作用的结果，其中，"进入"与可能移动的范围有关，会受到地点、时间和其他限制条件的影响；"能力"是指个人和团体的技能；而"使用"是指个人的战略、动机、价值和实践，包括他们在进入和能力方面的行为方式（无论是感官的还是真实发生的），以及他们如何利用其潜在的可移动性。"空间资本"理论是 Rerat 和 Lees（2011）基于瑞士这样一个发达国家提出的，但它却在像阿根廷这样的发展中国家引起极大反响，这难免让人感到不解。

政策主导的交通可达性变化在增加某一阶级大量涌入某个地区的可能性的同时，也会使得另一个阶级更难进入，这些变化也可看作是一种"政治－技术"形式的隔离。此外，"空间资本"还意味着绅士化群体和被绅士化群体的区别不仅在于他们购买、收集或投资土地和房地产的经济实力差距，更重要的是他们在获取更广泛的空间资本过程中所产生的物质和非物质积累的阶级差异。Cummings（2015）在关于里约热内卢的研究中提出，位于里约市中心贫民窟的空中缆车地铁，能将贫民窟内非正式和贫穷的空间要素强行封闭在城市中心正规化和商品化的社会空间中，比如里约最古老的贫民窟 Morro da Providencia。在智利圣地亚哥，地铁效应已经成为具有高度决定性的政策，它不仅为房地产开发商和购房者开辟了新的经营空间，还扩大了租差，帮助新的社会阶层获得空间资本，从而间接推动了人口置换（López-Morales，2010）。Choi（2014）以居住在菲律宾马尼拉市中心的贫民为观察对象，认为一些新建的公共交通项目，尤其是区域性列车线路，虽然不仅可以提升周边地区的土地价值，还可以为区域带来更多的发展机遇（我们在第 7 章中会对巨型绅士化和置换问题进行更多讨论），但由于这些项目会征用土地，进而造成了贫民无家可归的状况。

中心性和空间资本是反驳"星球郊区化正在成为主导力量，而绅士化却在某种程度上变得越来越不重要"这一论断的关键（Keil，2013）。然而，正如 Andy Merrifield（2013a）所言，如果我们充分借鉴 Rerat 和 Lees（2011）的"空间资本"理论，将多中心的兴起以及"核心－边缘"结构的调整纳入考量，那么我们也可以假设新的"城市边界"将会与新城市中心重合。对于这些地方而言，交通可达性和空间资本的创造是吸引资本（再）投资的关键因素，再投资周期启动时更是如此。

后危机时代的绅士化

我们之前讨论过，2008年首先爆发于美国和西欧的次贷金融危机导致房价飙升、数百万人陷入危机，生动地诠释了资本转移现象，一方面全球次贷市场的复杂性和规模不断增加，另一方面各国政府通常以资本投资的方式来帮助私人银行度过危机。在美国和欧洲，虽然城市房地产的价格由于"风险"信贷的高需求而飙升，但一些社会弱势群体却能够住进以前住不起的社区。危机之后，西班牙、希腊和美国等欧美国家似乎发生了一些变化，由于无力偿还贷款，数百万家庭的住房被银行收回，被迫搬迁。但由于房地产领域产生了巨大的租差，这些国家的土地和房地产价格再次上涨，"秃鹫"国际基金开始大量重新购买那些贬值的空置住房。对于那些受此次危机影响最严重的世界发达国家而言，它们的房地产市场在过去十年间发生了翻天覆地的变化，很多地区正同时经历新形式的排异反应和绅士化（Aalbers，2011）。

Mueller（2014）研究了华盛顿贫困人群和黑人集聚区的绅士化问题，发现相较于那些随着中产阶级涌入而出现的自由主义思想（类似于简·雅各布斯对波希米亚贫民区的描述，这种自由主义思想是中产阶级极为渴望的），维持这些变化的深层结构性经济力量更为重要。华盛顿特区是美国经济实力的缩影，15%的家庭年收入在20万美元以上，同时有15%的人生活在贫困线以下。由于大型企业一直在寻求机会开展地区重建项目，它们常为免税项目提供资金，这使得小型购房者也参与到政府主导的绅士化进程之中。于是房地产价格再次飙升，投机性的公寓开始取代单户住宅，这与我们如今在圣地亚哥或墨西哥城绅士化的城市中心所见的情况非常相似。在华盛顿特区，2000年住宅均价约为15万美元，2009年超过了40万美元，2013年再次上涨了10%以上。目前，本地白领、高收入群体可以通过抵押贷款的方式在高档社区购买房产，并借助这些房产来确保他们作为中产阶级的地位，而这对大多数黑人和低收入阶层而言是不可能的。正如Mueller所言，在经济意义上房地产市场具有种族主义特性，就像金融危机之前贫穷的黑人家庭还抱着成为中产阶级的幻想一样。由此，绅士化更倾向于是一种自上而下的过程，而不是"单纯地由房地产开发商和投资者的投资选择所引起，他们实际上得到了一些城市政策的支持，个人购房者也被牵涉其中"（Mueller，2014：网络出版）。建设无轨电车（也是空间资本）等在内的公共政策通常会将街区塑造为未来发展态势极好的形象，比如加大宣传这个地区即将动工且房产价值可能暴涨，从而加快房产流通。

正如有关"华盛顿"的分析所反映的那样，金融资本主义多借助"统制经济"，即绅士化中具有企业性质的政府来度过或控制危机。20世纪90年代早期，俄罗斯引入自由市场经济体制之后也出现了类似的情况（Badyina和Golubchikov，2005），发生于莫斯科市中心的绅士化进程是莫斯科新出现的后苏联经济的需求、新兴上中产阶级和寡头的需求以及莫斯科政府的创业导向等多种力量之间复杂相互作用的产物。对于东亚地区而言，台北的绅士化特点是私有化、自由化、市场化和个性化，具有很强的代表性（Jou等，2014）。Huang（2015）重点研究了位于台北市中心的公共资产是如何作用于绅士化进程的，政府直接主导的政策之前主要是针对公共住房市场，现将范围扩大至公共土地和建筑的租赁私有化等方面，同时允许私人开发商参与城市更新，这带动了对特定地区的投资，并促进了其区位优势的发挥。在过去的 25 年里，为了推动金融和房地产资本再生产（Jou 等，2014），中国台湾的城市和住房政策中也出现了大量阶级驱动下的暴力或复仇主义思想（Atkinson，2003）。1998 年，台湾省政府开始调整并制定新的住房政策，在十年的时间内将市中心的公共土地和住房变成了由超级富豪和精英人士所构成的飞地——这与发生在伦敦、纽约和旧金山等城市的超级绅士化有相似之处。相较于传统绅士化，超级绅士化能够更为快速地占领土地，影响更大、发展更快且更具破坏性。因此，由于台湾省政府将大量公共住房卖给了大型市场代理商，使得这些住宅不仅成为富豪和精英专业人士的聚集地，还推动了周边地区住宅价格的上升（类似案例参见"Lees，2014b"关于伦敦公共住房市场的研究），成为房地产市场上的高档商品。这也使得中产阶级和年轻人更加难以在台北居住。2008 年台北房价中位数与家庭年收入中位数之比上升至 10，2012 年进一步上升至 14，在亚洲城市中排名第一。

小结

在严酷的全球性金融危机中，资本转换理论作为资本累积过程中解决危机的方式再合适不过了。在这种情况下，金融地产投机商当前的投资需求在一定程度上促进了全球范围内绅士化规模的扩大。尽管有些人选择继续经营具有"次贷"风险的资产，但更多的人开始关注高档住宅再开发和高收入消费者，也由此造成某些社区或城市物价暴涨。在全球新自由主义政策约束下，资本转换逐渐适应了各种空间投资战略，这些战略通常与当地的土地升级、阶层置换、房产私有化、交通便利等公共政策相衔接；此外，这也可以促进土地和房地产价值的重估，无论是在新兴后社会主义国家还是新自由主义高度发展的国家都是如此。这表明全球投机性的绅士化在一定程度上已经取代了次贷市场。

当前绅士化的发生层次从微观到宏观不等，它们都具有重塑城市景观的作用。而关键问题在于这些改变是谁主导的、投入了什么成本以及是为谁作出这些改变的。事实上，在当前全球经济危机大背景下，投资于某些地块的资本贬值导致资本化的地租大大低于土地功能改变时可获得的地租。如果某一地区没有可用的金融资本（如现在的西班牙和希腊，或后苏联时期的俄罗斯），那么它可以随时通过资本的全球性流动来获得。绅士化在政府层面的推进为资本再投资开辟了新空间，推动了陈旧的物质和社会基础设施的更替，抹黑了某些地区，以及提升了地方规划等。但事实上并非所有绅士化案例都可以与"新自由主义"相联系，尤其是在东亚地区。

2008年的全球性经济危机促使各国政府制定政策来降低低收入群体的住房压力，并进一步扩大大型经济机构在土地和房地产市场中的影响力。从伦敦到里约热内卢、从台北到圣地亚哥，我们会发现当城市再开发和重建再次变得有利可图时，资本就开始回流到那些未开发的土地上以获取大量的利益，而这通常是以牺牲原来生活于此的低收入者的利益为代价的。地租理论适用于分析这些大型经济项目所带来的影响，特别是在解决投资代理人在土地交易中所获利润的不平衡以及地租的阶层垄断导致不同的直接和间接置换比率的情况下。因此，我们需要探究世界范围内的租差存在于哪些地区以及如何出现的，并且有必要在跨领域、跨地域、经验主义和分析主义中来对其进行检验、拓展、深化和辨析，本章也正是基于上述思路展开。此外，我们认为应该更多关注土地、地租、人口置换与基于城市隔离（即绅士化）的日常生产之间的联系。这并不是说私人经济利益是所有地区出现绅士化的唯一或者主要原因，但不可否认的是，基于绅士化的新经济学确实解释了一些基本问题，比如土地和住房可负担性的差异化、以人口置换为特征的新自由主义经济机制的本质、城市的金融化等。我们认为，为了避免陷入地方争论的困境之中（这是经验主义导向下的"比较"的风险之一，如Robinson，2011a；参见Lees正在印刷的书），特别是为了更好地认识投机性城市房地产开发在资本主义或非资本主义国家城市重塑中的重要作用，迫切需要增强跨国界的理论比较和对话。

4

全球绅士化群体：阶级、资本、政府

社会阶级以及某一阶级（新中产阶级）替换另一阶级（工人阶级）的观点，长期以来都是英美国家关于绅士化问题讨论的关键（Lees、Slater 和 Wyly，2008）。如果绅士化现象是全球性的，我们需要探究这个过程中是否有（全球性）绅士化群体参与其中，如果有，则需探究全球范围内这部分影响的非均衡性（Bridge，2007）。阶级是社会理论中最有争议的概念之一。我们在本章中不讨论中产阶级本身，而是讨论作为全球绅士化群体的"新"中产阶级。值得注意的是，北方国家的学者在关于绅士化的文献中认为，"新"中产阶级指的是在后工业与后现代出现的新阶级，这一阶级与传统中产阶级有着截然不同的价值观和生活方式（具体阐述见 Ley，1996）。与之相比，南方国家的学者将"新"中产阶级定义为新兴的或是扩张的、现代化的中产阶级，他们具有新的消费能力并对消费主义有着较强的兴趣。欧洲和北美对福利体系的建立远远早于"第三世界"，因此中产阶级的发展也更为完善，并随着时间推移而不断增加和变化。在亚洲和非洲部分地区，中产阶级的出现归因于 20 世纪 70 年代后期的快速经济增长，在这一时期，国家与私营部门提供的福利大大改善。正如后文将提到的，在拉丁美洲的案例中，中产阶级的出现离不开 20 世纪初的快速经济增长。

"新"中产阶级（如英美国家绅士化文献中所指）很少与南方国家城市的传统中产阶级相比。在许多情况下，传统的中产阶级并不存在，即便存在，旧的和新的中产阶级也是模糊不清的。因此，南方国家的"新"中产阶级绅士化群体的政治态度和生活方式并不一定要与现存的（保守）中产阶级相一致（Ley，1996；Butler，1997）。然而有趣的是，在南北方国家之间，绅士化群体的生活方式与普遍价值观正在变得越来越相似。就此而言，我们是否能够定义一个全球化的"新"中产阶级？绅士化过程是否已经发展到绅士化群体产生了绅士化思想？从全球角度来看，这部分群体作为个人及绅士化过程中的代理人具有怎样的重要性？最重要的一点是，国家主导的绅士化过程是否超越了绅士化群体的重要程度？

有学者认为，这是历史上第一次出现真正意义上的全球化新中产阶级。布鲁金斯学院（Brookings Institute）高级研究员、前世界银行经济学家 Homi Kharas 以及 Geoffrey Goertz（2010）指出，到 2030 年，全球新兴中产阶级的数量会从 20 亿上升到 50 亿。到目前为止全球中产阶级主要集中在欧洲、北美及日本，但这一趋势正在迅速改变。预计欧洲和美国的中产阶级将从总数的 50% 缩减至 22%。中国、印度、印度尼西亚、越南、泰国和马来西亚的飞速发展将使亚洲新中产阶级的比例从目前的 30% 增加一倍多。到 2030 年，亚洲中产阶级将占全球的 64%，并对全球中产阶级消费贡献 40% 以上，这些都主要得益于东亚的快速发展。金砖四国不同的经济增长模式带来了不同的社会变化，一些国家的新兴中产阶级出现得比别国更晚。诚然，对新兴中产阶级的评估面临许多困难，特别是衡量中产阶级规模，更不用说对它的定义了。目前这一议题还存在着争议（见"Chen, 2013"第 1、2 章）。此外，这样的评估通常反映了国家愿景，中产阶层的扩张成为一个政治命题。例如在中国大陆，培育中产阶层一直是党和国家高度重视的国家工程（Tomba, 2004; Zhang, 2010）。因此，"中国政府设想的中产阶级是中国城市化社会中最富裕的人群，并且他们的生活水平要高于平均水平"（Shin, 2014a: 513-514）。

在 20 世纪 30 ~ 40 年代的拉丁美洲，特别是巴西、智利、阿根廷、乌拉圭和墨西哥，发展主义国家理念和高等教育普及推动了中产阶级的形成。因此，中产阶级的崛起并不是新鲜事。事实上，在 20 世纪 80 年代初，巴西的中产阶级人口比例仅占总人口的 15%，而现在这一数字已增加到了总人口的三分之一。在20世纪70～80年代,阿根廷和墨西哥等国家的中产阶级人口也在不断增加。在东亚,中产阶级数量在战后开始快速增长:例如在韩国,专业人员、管理人员和文职人员(不包括销售员工)的比例从1963年的6.7%增加到1983年的16.6%;在中国台湾,1963年至1982年间,管理与专业人员比例从11.0%增加到20.1%;在中国香港,白领人员从1961年的14%增加到1981年的21%(Koo,1991)。可以说,中产阶级的崛起是东亚国家新型工业秩序演变的重要因素。他们集中在大型城市中心,塑造了消费和城市生活方式的主导模式,同时提出新的政治要求,产生了新的政治辩论和策略。中产阶级的政治立场是韩国近年政治转型的关键因素(Koo,1991:485)。

很显然,东亚地区的新中产阶级在这一时期提出了新的政治要求,这些要求与David Ley(1996)在加拿大提出的绅士化群体观点有些相似。然而,中国中产阶层的发展虽然落后于一些国家,但发展速度却在提升。中国的中产阶层人数在2009年占总人数的10%,在2014年达到了43%,预计到2030年将飙升至76%(Tomba,2004;Chen,2013;Shin,2014a,关于中产阶层作为扩大消费基础的国家项目)。在中国大陆地区,中产阶层家庭比收入较低的家庭的城市化程度更高,城市化、中产阶层化以及农民的工人阶层化三者并驾齐驱(Shin,2015)。

进入21世纪,Rofe(2003)主张将绅士化理解为一种社会资本积累战略,其基础是对全球化、世界性事物的追求,他讨论了绅士化全球精英的出现。对于Rofe来说(同样见Butler,2007b),绅士化群体通过创造地方身份参与了全球化进程,他们在高度发展的资本主义和社会、政治、经济转型时期表现出了一定的惯习。这些基于场域的身份表现可以视为逐渐增长的"全球化"特征。事实上，Butler（2010：4）提倡应该更加密切和集中地关注在此背景下特定群体感受的改变。这一群体由于受到全球新自由主义和经济社会发展不确定性的影响，开始疏离于自身成长过程中的规范和价值观，并且这些规范和价值观对养育下一代起到的作用微乎其微（Sennett，1998）。然而，他的问题非常西方化，回归到一些关于社会经济稳定性的基本观点，而这些观点不论是曾经还是现在，都不是我们所要关注的重点。快速现代化国家中的"新"中产阶级更有可能把目光置于未来，而不是过去。而这部分人大多不是Rofe（2003）所讨论的跨国绅士化精英群体之一。正如传统的西方中产阶级，他们的社会地位是不稳定的，由于现代化社会的生活成本提高，他们还被巨额的债务束缚。

事实上，Bridge（2007）认为，根本没有所谓的全球绅士化群体。而Davidson（2007）则认为，绅士化作为一种全球现象，不仅仅是关于阶级的构成，更多的则是关于一个集合体的创造。他认为全球绅士化不是因机构主导的惯习而创造（Butler，2003、2007b；Rofe，2003），更多是由于居住生态的商业化生产而导致。这种现象与其说是一种社会学层面上的应对策略或阶级再生产形式，不如说是一种资本主导的城市空间殖民化，具体表现在建筑设计、投资策略、社交营销策略和全球化生活方式等方面（Davidson，2007：493）。全球商业化形式的绅士化是城市空间在资本主导下发展而来的，这种发展不需要进行论述实践（Bridge，2001），也不需要利用社会资本（Butler，2003）。这其实是房地产商利用全球化，通过建筑美学和地方营销来实现的绅士化规模和范围的拓展。

我们认同Davidson（2007）所说的星球绅士化是一种基于资本导向、全球化和新自由主义的城市空间殖民化观点。绅士化群体可以是消费者，有时甚至可以利用自身权力来改造社区，但他们并不总是这样做，这并非绅士化发生的必要条件。呈现在本书中的观点表明，我们需要重新考虑中产阶级在绅士化过程中的作用。绅士化不仅仅是单独由企业推动的，而是往往来自国家－地方以及国家之间的作用。国家通常为企业资本进行准备工作，类似于北方国家的传统绅士化（classical gentrification），绅士化先驱者承担风险并划定企业资本的边界。这样的绅士化尺度可以是社区，同样也可以是整个城市。新兴中产阶级在这一过程中仍然可以发挥作用，但更多的是作为绅士化的消费者而不是生产者。

政治

长期以来，北方国家认为绅士化群体是左派自由主义者，他们持有特定的、通常是反文化的价值观，期望进行政治和社会改革（Caulfield，1994；Ley，1996；Butler，1997）。自由主义的北方国家通常与中产阶级建立社会契约，而不是富人或穷人。但在一个私有化的、新自由主义的世界中，这种合作正在瓦解。Merrifield（2013b）所讨论的占领运动在很大程度上就是反映这种国家社会契约体系的崩溃。社会、经济和政治变革破坏了北方国家与中产阶级之间的联系，那南方国家呢？我们无法假设全球的新兴中产阶级的行为都与上文提到的北方国家新兴中产阶级一致。这里的假设是，随着人们开始中产阶级化，他们变得更加民主，同时推动了自由主义的议程。如韩国的新兴中产阶级就表现出了自由主义的价值观。他们在政治转型中扮演了一个渐进民主的角色，但对于民主的具体含义及目标的理解与工薪阶级的关注焦点有着巨大的差异（Koo，1991；

486)。当然,任何中产阶级的崛起都会带来新的权利意识。新兴中产阶级提出新的政治主张,目的是扩大并保护自己的权利,但在强大集权国家领导经济发展的背景下,个人自由和经济富裕之间总是存在着权衡。中产阶级如何回应国家执政精英,取决于他们之间建立了怎样的契约(Slater,2010)。在新加坡,人民行动党通过培育中产阶级和满足他们的物质愿望,有效地创造了 Rodan(1992)提出的"中产阶级专政",从而统治了国家几十年。

北方和南方国家新兴绅士化群体的政治主张看似相似,实则不同。在加拿大温哥华的城市化进程中,"宜居城市"议程是一大特色,也被认为与其他北方国家的先锋城市化者有关(Ley,1987、1994、1996;Lees 和 Ley,2008;Ley,2011)。有趣的是,同样的"宜居城市"议程(即使它没有被称为"宜居城市"),正在全球南方国家上演,但与它在北方国家的方式不同。

那么,南方国家在城市化进程中是如何践行"宜居城市"这一议程的呢?人类学家 Amita Bavisker(2007)讨论了印度通过一系列司法命令重建德里的情况。印度最高法院已经开始关闭德里所有污染和不符合要求的行业,在这个过程中大约有两百万人流离失所。与此同时,德里高等法院下令拆除和迁置公共土地上的所有棚户区,在 1200 万人口的城市里有超过 300 万人流离失所。以上决议由环保主义者和消费者权益团体通过提起公共利益诉讼的方式执行,这些团体已经在德里发展成为有组织的力量,关注城市美学、休闲、安全和健康等议程。对于资产阶级环保主义者来说,新的、现代化的德里必须把生产活动转移到城市之外,就像许多北方国家的后工业城市一样。城市空间将用于白领群体的生产、商业以及消费活动。但与温哥华不同的是,温哥华的宜居城市是生活质量或绿色导向的环保主义,而德里则是一种消费导向的环保主义。Bavisker(2007)在对"资产阶级环保主义"的讨论中就人口置换问题指出了这一议程对穷人的负面影响。可以说,德里资产阶级环保主义者所推崇的"宜居城市"已经融入了新自由主义的绅士化进程中。清洁的空气和整洁的空间比穷人的住所和就业更重要。

然而,Ghertner(2011)对印度新兴中产阶级从穷人手中收回城市空间使其绅士化并"清理"城市这一行为提出了质疑。他以德里市政府2000年发起的巴吉达里计划(Bhagidari scheme)为例,认为城市中产阶级力量并不是来自新兴中产阶级自身,而是产生于地方政府的政治阴谋。他展示了巴吉达里是如何根据财产所有权重新调整公民进入政府的渠道,从而破坏了由穷人主导的选举过程,并对财产所有者对"世界级"城市未来的要求给予特权。在他看来,巴吉达里计划将政治参与的渠道"绅士化",通过打破将未受保护的穷人与地方政府联系在一起的非正式纽带来重塑国家,从而消除了大规模拆迁贫民窟的障碍。在这种情况下,国家本身与绅士化的政治参与密切相关,中产阶级本身并没有被视为绅士化的代理人。另外Bose(2013、2014)谈到了加尔各答、卡尔卡塔的马克思主义领导人的新自由主义观点,认为这些观点与中产阶级的资产阶级欲望是一致的(另见Kaviraj,1997)。

Lemanski和Lama-Rewal(2013)批评了印度中产阶级以"华丽的商场和国际旅行"为代表的主流形象,认为它是将印度新兴的少数全球化精英群体与庞大而异质的中产阶级混合的结果。事实上,印度中产阶级的身份构成对于不同学者来说仍是不确定的,也有不同的解释。例如Fernandes(2006)这样关注"新兴中产阶级"[或是Brosius(2010:1)所称的抵达中产阶级]的学者,要求去除差异。重要的是,Lemanski和

Lama-Rewal（2013：96）指出，印度新中产阶级是一个"包含印度未来社会规范性愿景的概念"，他们受过良好教育，不断向上流动，即使没有西化的价值观，也有着西化的消费习惯。Fernandes（2006）将他们称为"消费公民"。但 Lemanski 和 Lama-Rewal（2013）指出这仅仅代表上层中产阶级，还存在许多模棱两可的情况，需要对印度的中产阶级及政治制度进一步解构。

Koo（1991）讨论了韩国新中产阶级和西方中产阶级之间的异同点，指出在韩国新中产阶级的政治问题上也存在两种不同的观点：一些人认为他们在政治上非常进步，是重要的民主力量；而其他人则认为他们本质上保守，维护着专制政权。就前者而言，他谈到韩国的新中产阶级比西方中产阶级在工人阶级斗争中发挥的作用要重要得多，其原因是历史性的，在资产阶级确立其意识形态霸权和工人发展为有组织的阶级之前，韩国新中产阶级已经成为一个重要的社会阶层……知识分子、学生和其他白领阶层比工人占据了相对更自主的国家控制地位，他们积极参加了反对专制政权的政治斗争，对工人的意识和组织产生了强烈的影响。（第 486–487 页）

Koo（1991）是一位在韩国和西方新兴中产阶级的比较城市研究领域有一定建树的学者。随着发展中国家的崛起，从国外引进新技术意味着国内的阶级地位和关系发生了变化。他做了一些关键的类比：在发展时间上，西方国家的新兴中产阶级是在资产阶级确立了统治地位之后诞生的，而工人阶级的形成则在很大程度上得益于国家福利；但在东亚新兴工业化国家，新兴中产阶级的形成与资本主义及工人阶级的兴起却在同一时期。韩国知识分子（拥有高于其他群体的社会地位和道德优势）由于受到儒家传统思想的影响，以及具有较高的社会地位，填补在意识形态和社会运动方面的空白。他们变得更加政治化，并开始批判集权的政治结构。这些韩国新中产阶级反文化的政治活动与北美的活动遥相呼应：

> 1960年4月，中产阶级，包括白领和小企业主，为学生提供了强有力的支持，最终成功地推翻了李承晚的独裁政府。在1971年的总统选举中，绝大多数城市中产阶级都投票给反对党候选人金大中，以抗议朴正熙企划的无限期执政。1985年，中产阶级再次起义……在这次选举中，由那些公民权被剥夺几年后刚刚恢复的老反对派政客组成的新民主党，成立不到3个月就席卷了城市中产阶级地区，还得到了工人阶级的强力支持。中产阶级参与韩国民主斗争最激烈的事件发生在1987年6月，当时大量白领加入学生的街头抗议，反对全斗焕拒绝修改宪法进行总统直选。(Koo, 1991: 490-491)

街头抗议是20世纪60年代反文化政治的主流之一，这是David Ley (1996) 和其他人所讨论的西方绅士化的条件之一。Koo (1991) 认为，韩国新中产阶级的分歧论点，即支持民主还是现状/专制政权，映射了欧洲和北美新中产阶级政治特征的争论，即中产阶级政治是不稳定的，也不一致，他们有相互矛盾的物质利益等。马克思主义者会认为，这是因为中产阶级介于资产阶级和无产阶级之间，他们的政治意识形态在两者之间摇摆不定。如Poulantzas所论述 (1975: 289)，"小资产阶级意识形态的次集合是斗争的领域，是资产阶级和工人阶级意识形态之间的特殊战场"。Koo (1991) 基于中产阶级不是同质化社会群体来解释这种差异。Lett (1998) 认为最重要的是韩国的城市中产阶级（亚洲危机前）寻求改善社会和经济地位，这种历史遗留的传统方式使他们与伦敦和纽约的经典左派自由主义绅士化群体相差甚远。从某种程度上说，如果回顾Koo的时间线，可以发现韩国的新中产阶级经历了从进步到更加保守的转变，这在某些方面印证了 David Ley（1996）关于加拿大嬉皮士到雅皮士的论点。这象征着"思想的绅士化"（Schulman 2012），因为反叛文化被作为主流消费主义的保守文化所取代。2008 年末的金融危机期间，韩国中产阶级在维持其物质财富方面感受到了威胁，中产阶级本身也开始瓦解，他们大多因财富损失而导致地位下降（由于劳动力市场的重组和经济困难）。因此，他们变得越来越保守，力挺一个保守的政府，言辞上却支持国家推动房地产市场发展——他们的政治立场与 20 世纪 70～80 年代时的立场已经截然不同。另一个比较案例是希腊，在经济崩溃和强制紧缩措施实行之后，中产阶级群体随着国家经济结构调整而迅速消失。

我们的假设是，以东亚为例，中产阶级政治可能与物质追求以及建立在财富增长基础上的投机性城市化相互影响 [另见 2014 年 Ley 和 Teo 关于中国香港"财产文化"，Hsu 和 Hsu（2013）关于中国台湾"财产政治文化"的文章]。我们认为政治导向与绅士化的物质收益之间存在紧密联系；前者存在于紧缩城市化和工业化的语境之下，后者带来中产阶级的富裕，这些中产阶级在投机城市化进程中投资房地产从而积累财富（Shin 和 Kim，2015）。

生活方式与消费

在全球北方国家绅士化理论中，消费端的解释强调了选择、消费、文化和消费需求的作用（详见"Lees、Slater 和 Wyly，2008"的第 3 章）。这类观点的关键要素过去是、现在仍是"新"中产阶级"绅士化群体"及其消费行为,这些要素触发了绅士化的进程。David Ley(1996)认为,"新文化阶级"是新兴后工业社会的产物,他们是自由主义者,试图逃离郊区生活的平庸、保守和压迫性同质化,寻求在多样化的内城区域居住的可能。

绅士化与郊区化是背道而驰的。Lees(2000)将其称为"解放城市理论";作为一个被解放区域,它与早期的欧洲工业化城市概念相联系,在那里人们可以摆脱乡村生活的束缚(Lees,2004)。除了 Caulfield(1994)和 Ley(1996)以外的学者则认为,绅士化群体摆脱了郊区生活的束缚。相比之下,在西方以外的非洲或亚洲城市,人们却认为这些城市被困在了一种非现代性的过去之中,因此不能被视为解放。发展主义则利用了这些城市的非现代性。

在论及全球南方的绅士化进程时,这种特殊的西方消费学说却显得意义不大(Lees,2014a)。例如,20 世纪早期至中期,与工业化/现代城市相关的大规模郊区化并未在中国及拉丁美洲城市发生。因此,绅士化作为排斥现代郊区生活的反文化观念并没有太大的说服力。相反,德国老话所说的"城市空气使人自由"(Stadtluft macht frei),摆脱了乡村的枷锁,从封建主仆关系中解放出来,或者与全球南方城市郊区化和内城绅士化的同步进程进行的比较,例如,中国北京(Fang 和 Zhang,2003),可能更有说服力。由于没有战后占统治地位的郊区生活经历,西方以外的绅士化群体会有完全不同的思维方式。在拉丁美洲,城市发展与工业增长脱节,城市的发展并非通过城市中心的密集化,而是通过向周边地区的延伸来实现。因此,与美国或欧洲相比,中产阶级回归拉美内城,以及随之而来的工人阶级置换现象并不常见(Inzulza-Contardo,2012)。在一些国家,后福特主义的新性别秩序推动女性进入工作场所并创造双职工家庭（见 Rose，1984；Bondi，1991；Warde，1991），但这并未伴随着绅士化的出现。例如，中国自 1949 年大规模动员女性从事有偿工作以来，性别关系一直稳定。20 世纪 50 年代开始，社会主义改造运动推动建立了公共就餐场所、洗衣店和托儿所，意味着女性可以更好地兼顾工作和家庭（Rai，1995）。相比之下，随着经济市场化，对女性来说更困难的是，她们可能会被挤出那些有利于男性和高收入的工作岗位，女性权利受到长期压制（另见 Yang，2010）。

Ren（2013）描述了中国新兴城市中产阶级群体，例如张女士，她"年轻，受过良好教育，会说英语，以职业发展为导向，精通技术，其生活方式与其他全球城市中的同行并没有什么区别……"（第 172-173 页）。Ren（2013）并没有讨论新兴城市中产阶级将内城绅士化视为反郊区化的思想，相反，郊区这一概念在这些绅士化群体心目中似乎并不存在。他们的生活需求在很大程度上是来自于炫耀性消费。正如 Wang 和 Lau（2009）指出，中国的职业中产阶层被精英生活的形象吸引，因此愿意为那些他们能够负担的象征性精英价值买单。同时，他们还有较高的文化水平，能够理解并接受城市生活。

Inzulza-Contardo（2012）对智利圣地亚哥历史悠久的贝拉维斯塔社区进行研究得出的结论是，那里的绅士化群体与北方国家不同——他们是租户而不是业主，不符合高收入"全球北方绅士化群体"的白领特征。相反，他们是住在公寓里的轻型蓝领工人。智利房地产市场将这些公寓宣传为拥有北方城市豪华设施的 Loft 或套间。这些绅士化群体从事第三产业，属于中低收入阶层。他们的消费受到全球化商品的刺激，这与北方国家绅士化群体更为个性化、更明显的节俭态度截然不同（Ley，2003）。无论如何，在智利，与圣地亚哥中心地区的大规模重建相比，这些历史悠久的小范围绅士化区域显得无足轻重（López-Morales，2010）。

正如我们在第 2 章中所说，南方国家的绅士化需要仔细考量，因为它无法复制北方国家经典的微观邻里叙事。例如，Contreras（2011）认为，"消费"内城绅士化住宅的中产阶级反映了智利社会重大的人口和文化变化，当前家庭结构日益分化，也造成了复杂的住宅选择。因此，圣地亚哥的内城区现在吸引了很多有一两个孩子的年轻家庭、刚刚离开父母的年轻专业人士（通常是第一代大学生）、有或没有孩子的单身或分居女性、性少数群体，甚至是相对富裕的拉美移民等群体。他们的住宅选择基于中心地区工作、服务和公共产品的空间临近性所带来的优势，同时也更接近于他们的社交圈和家庭（也见空间资本，Rerat 和 Lees，2011）。Contreras（2011）认为，由于居住绅士化与教育、房地产经济集团联合推动的学生绅士化混合（Smith，2005），圣地亚哥出现了中产/专业阶层的继承。

同性恋绅士化是英美城市绅士化研究讨论的重要组成部分，事实上，绅士化是一种反文化的解放性运动（Lees、Slater 和 Wyly，2008：209-213）。全球其他地方对此的讨论要少得多，但很显然，绅士化和同性恋权利在一些城市的确有一定吸引力。布宜诺斯艾利斯就是一个例子，作为旅游业的一部分（Herzer 等，2015），同性恋酒店（例如圣特尔莫的 Lugar Gay）已经出现，而只有男同性恋可以预订住宿。在性别政治和绅士化方面，未来还有一些有趣的工作要做，特别是在拉丁美洲，同性婚姻已经在阿根廷以及墨西哥和巴西的一些州合法化。在哥伦比亚，同性伴侣现在拥有了继承权，可以将他们的伴侣添加到健康保险计划中。在天主教国家，宣布"出柜"是非常令人震惊的。具有讽刺意味的是，与一些西欧国家相比，这些拉美国家反而在这方面更加开放和前沿。当代阿根廷与北方国家的性革命及反文化政治之间的一些相似之处（和差异)非常有趣,因为阿根廷的青年现在正在争取性向和其他方面的自由。南方国家绅士化过程中的性别政治是一个值得深思的问题。在东亚,任何绅士化与"性"相关的讨论都会被政府限制。最后,迄今为止,大部分关于同性恋绅士化的英美文献都以解放的眼光来看待它,但现在也许是时候反过来考虑同性恋绅士化是否会导致同性恋恐惧症?就像绅士化和混合社区政策带来的社会混合导致社会冲突与隔离,绅士化的同性恋飞地是否可能会增加外界对其的敌意?

Fernandes(2009:220)为全球南方的消费论和绅士化提供了一些值得思考的问题:

> 对印度中产阶级消费的现有研究倾向于强化消费者偏好分析模式——这种模式描述了经济变化与消费者愿望和行为之间的关系。尽管这些研究对主体性和文化变革问题提出了宝贵见解,但是对消费和自由主义国家发展制度重组之间的系统关系理解更为重要。

当代绅士化进程中,国家扮演着关键角色。当经典消费学说在北方国家的绅士化研究中出现时(Lees、Slater和Wyly,2010:127-188),他们更关注的不是国家,而是后工业社会和后现代文化转型时期新兴阶级的个人消费行为。对国家的相对弱化以及对个人主义的重视不能帮助我们理解生活方式、消费与国家的关系,因为国家的角色更加重要;后工业主义已经开始在全球蔓延,个性化的消费(阶级绅士化)已然是一种全球性产品(实际上任何个性化现在都已经大规模生产)。绅士化研究者在探究南方国家绅士化消费和生活方式时,需要完善或寻找不同的概念模型。

历史保护：绅士化群体主导还是国家主导？

从上海的新天地、东京的浅草到巴黎的贝西，众多的历史街区正在进行"迪士尼化"的过程，它们被改造为主题公园，为全球消费主义精英服务（Zhang, 2013: 156）。

绅士化与历史或城市保护之间的关系不再是简·雅各布斯（1961）的当代经典社会运动故事。相反，它现在由国家所主导。关于历史保护的一个经典案例是简·雅各布斯"拯救"纽约市格林威治村，不让其因 Robert Mose 的城市更新计划而遭到破坏。她关于老街区的观点强调了美国城市历史保护主义的社会运动。她认为"新的理念应该在旧的建筑上实现"。Osman（2011: 83）将布鲁克林"布朗斯顿人"（先锋绅士化群体）的愿望描述为一种"新的浪漫主义城市理想"。

然而，历史保护与绅士化的关系并不仅仅在纽约（或北方城市）显而易见，在南方城市也有所体现。例如，伊斯坦布尔在 20 世纪 80 年代最早的绅士化浪潮中表现出了非常相似的过程。在博斯普鲁斯海峡附近的 Kuzguncuk、Arnavutkoy 和 Ortakoy 等内城社区有建于 19 世纪晚期和 20 世纪早期的低层联排房屋，在其历史建筑保护和绅士化进程中，主要行动者是个人和小型投资者。20 世纪 90 年代，伊斯坦布尔的绅士化进程扩展到了贝伊奥卢（Beyoglu），该城市历史中心有着 19 世纪末和 20 世纪初的联排公寓建筑。这里的大部分社区现在已成为历史保护街区，但和北方城市一样，早期的行动者（先锋绅士化群体）在 2005 年后被政府取代。

在拉美，历史建筑保护和绅士化同样相关。部分国际力量早在20世纪70年代就开始引导拉美政府在文化遗产旅游业上投入更多关注,以重新建设中心城市。1977年,美洲国家组织发起会议签署基多协议,将历史中心改造以发展文化遗产旅游。美洲开发银行倡导提高城市竞争力,促使地方政府推进城市更新,项目涉及圣保罗、布宜诺斯艾利斯、墨西哥城、普埃布拉、智利圣地亚哥、利马、波哥大等城市(Nobre,2003;Herzer,2008;López-Morales,2010)。国际开发银行、美洲开发银行和世界银行都针对教科文组织指定的地点,为当地(和国家)的历史保护提供整套服务。政府着眼于过去,"把昔日居住在中央地区的精英描绘为文明的典范",这种革新是一种通过"挽救"精英阶层价值观而进行的阶级复兴(Betancur,2014)。特别是在圣保罗、墨西哥城和布宜诺斯艾利斯,政府收购建筑物、广场和纪念碑,对其进行翻新以为博物馆、文化机构和旅游业服务,从而促使了阶级更替。政府同意协调底层居民的迁置问题,这是上述银行向他们提供资金条件的一部分。有人认为,这种清理运动将吸引私营部门进入城市中心,但由于这些部门无法自给自足,大部分都以失败而告终。

值得注意的是,签署基多协议并将历史遗产保护政策置于首位的地区,很好地呈现了北方国家之外阶层驱动的复仇主义运动(Swanson,2007、2010)。受到"零容忍政策"的启发(第5章),厄瓜多尔的企业家型国家城市更新项目的主要目的是清理基多(以及厄瓜多尔第二大城市瓜亚基尔)街道的非正式工人、乞丐和街头儿童。Swanson表示,种族和民族作为两种策略,用以传播安第斯山脉地区占统治地位的中产阶级主导的、全球化的美学。同时,这也展示了"种族白化"是如何产生的:将已经边缘化的个人从街道和公园等公共空间排挤出去,推到更加困难的环境,脱离城市内部的非正式工作以及混合的微薄收入。

基于对处于黄金年代的巴拿马城老城区的分析，Sigler 和 Wachsmuth（2015）认为，该地有绅士化的新途径，不仅与金融资本的流动联系更密切，还与不断增加的房地产和跨国中产阶级的文化兴趣有关。正如巴拿马所反映的，重建资本往往不局限在一个城市内，而是沿着跨国途径与当地的住房需求相关，同时创造住房再投资的利润，也给原住民带来流离失所的威胁。在 20 世纪 70 年代一系列保护主义立法之后，"全球化"市场开始出现，并随着 1997 年联合国教科文组织的遗产认定得以强化，它限制了大规模重建的潜力，极大地催化了国内外对社区的关注。目前，在巴拿马城老城区，翻新单位的租金从每月约 1000 美元到 4000 美元不等，57% 的居民每月支付不到 200 美元的按揭或租金。此外，该区域内经过整修的公寓售价约为 15 万至 200 万美元。这显然超出了大多数本地居民的承受能力，甚至包括大量富裕的中产阶级，他们更喜欢具有多样化设施和文化联系的新郊区。巴拿马 Casco Antiguo 的住宅改建和开发旨在满足国际游客和外籍居民的需求，从而导致该地区人口构成发生了根本性的变化。

在全球南方的一些地区，绅士化进程表现为从大规模到小规模，从新到旧，这似乎与北方国家的发展呈反向趋势。正如 Lees（2014a）所讨论的，例如在中国，"新"中产阶层青睐传统建筑，表达了对中国传统文化的向往，并以此来彰显他们的"文化品位"。中国的绅士化进程始于大规模的城市更新，最早模仿西方的现代化、拆旧建新、高层建筑，但是现在通过采用环境可持续性的设计和技术表现出了社会责任感，同时也表现出了对传统建筑的兴趣，这在对北京"胡同"和上海"里弄"的保护中可见一斑。胡同是一条狭窄的街道，有单层小房屋，它的房子通常由面向中央庭院的四栋建筑组成。里弄是传统的城市小巷社区，社区之间紧密相连，这不仅体现在物质层面上，由于居民在街区经营当地的商店和餐馆，在社会交往层面上也有关联。在第一次绅士化浪潮中，大量胡同被推平，为高密度的西式新住宅开发项目腾出土地；而现在，比起拆迁，更有可能的是重修或保护胡同，并将其打造为符合新潮流的咖啡厅和商店，这部分市场正好迎合了中国一部分追求"酷"的富裕年轻人（Shin，2010，北京南锣鼓巷）。通常情况下，历史街区不是通过原地升级而是通过整体清除和重建来模仿旧式风格，当地人将其称为"仿古建筑"，就像北京的前门——故宫南边的百年老市场所经历的那样（图4.1）。

值得注意的是，和北方国家不同，南方国家的历史保护并非由先锋绅士化群体发起（Lees、Slater和Wyly，2008），而是由国家或开发商主导。在全球城市建设过程中，被更新的对象主要是被侵占时期的历史建筑。Ren（2008）讨论了从20世纪90年代末开始，上海市政府通过一系列保护法，将大量历史建筑物变为地标，以此来支持历史保护的做法：

被列入保护名单的建筑物主要是1949年以前的西式建筑。1949年后的建筑大多被认为没有保护的价值，随着建筑的老化将面临拆除。直到最近，出现了对社会主义时期建筑缺乏保护的批评，

图4.1 2014年北京前门的仿古建筑（申铉邦 摄）

1949 年后建造的一些建筑才被添加到保护名单中。(第 30 页)

北方国家独特的绅士化浪潮在中国内地发生时，是以一种从后往前的方式来进行的（不是从历史保护到国家主导的拆旧建新，而是一个相反的过程），这是由于新中产阶层的增加以及新消费主义的盛行所导致。Ren（2008）明确指出，上海的历史保护具有非常强的实用性，这不仅关系到当地经济基础，吸引投资和游客的潜在经济收益，还关系到房地产的升值。正如她所说："在 20 世纪 90 年代狂热的发展浪潮中曾被视为毫无价值的上海老建筑，现在因其经济价值而被重新发现"（第 31 页）。她谈到了 2004 年上海市市长提出的口号："拆旧建新是发展，保护旧建筑也是发展"。因此，为实现城市经济增长，与政府所采用的拆除手段相比，历史保护是另一种更为复杂的工具，与其说是一种文化遗产，倒不如说是一种经济回报。

Ren 讨论了基于 20 世纪 30 年代两个石库门老房子街区改造的上海新天地项目，这被视为上海市城市更新由拆迁到保护的转折点。与伦敦和纽约早期历史保护案例中先锋绅士化群体进行投资不同的是，在上海新天地的开发保护中国际建筑公司发挥了关键作用，其中包括参与了波士顿法纳尔大厅重建的公司。此外，与北方国家的绅士化案例不同的是，这些保护并不是为了让人们可以继续居住在原有建筑中，而是将这些建筑重新开发为商店、餐馆和休闲场所。唯一的居住痕迹保存在其中一栋改建成博物馆的房屋内，展示了上海民国时期石库门居民的日常居住生活。

举例来说，在纽约，历史保护是一种自下而上的社会运动；而在上海，这是一种自上而下的宣传工具，对外输出 20 世纪 30 年代上海市的现代化形象，这种形象表现为富裕中产家庭送子女到国际学校、看好莱坞电影、听爵士乐等。这种观点表明了上海过去曾是一个国际化大都市,这一特质一直贯穿至它未来作为全球城市的发展目标中。这种形象是世界性的,是一种新旧交融的形象。中国内地绅士化过程中的历史保护是为了创造一个现代化空间,这与北方国家截然不同。然而,在这个过程中失去住所的人们和西方城市中同样遭遇的人讲述了相似的故事:"住户 A(五十几岁的男人)说,我家已经在这里住了三代人。上海解放前我的祖父买下这个房子,现在合约在我这。我不想住在郊区,那里没有医院,坐公交去市区看医生需要几个小时。"(引用自 Ren,2008:39)

Zhang(2013)提出了对北京、芝加哥和巴黎历史街区保护的比较政治和城市主义的见解,充分展示了城市治理特定结构的重要性以及城市中不同的转型经历。在芝加哥,历史保护是为了改善当地的税基;在巴黎,其目的是保护法国文化的完整性和民族自豪感;在北京,这是地方政府促进经济增长的一种方法。20 世纪 90 年代初,北京市政府启动了全市范围的旧城改造项目,许多旧社区和建筑物被拆除。面对广泛的批评,政府出台了相关的保护法,划定了历史文化保护区,并增加了修缮历史建筑的款项。(与之比较可参见 He,2012;Shin,2014b,广州;图 4.2)。

图 4.2 2010 年广州历史中心的重建(申铉邦 摄)

东亚其他地区，例如中国香港、新加坡和韩国，其文物遗产和历史街区保护由于多种原因而受到重视：（1）文物建筑的交换价值越来越高；（2）绅士化过程中的新建浪潮使历史建筑和街区变得更加稀缺；（3）真实的历史建筑（尽管很大程度上是建造的）垄断了租金；（4）民族主义，强调（有选择的）遗产保护；（5）新加坡将选择性保护视为民族政策的一种工具（Kong 和 Yeoh，1994；Yeoh 和 Huang，1996；Chang 和 Teo，2009；Chang 和 Huang，2005）。在中国香港，有时文物保护已经上升为与政府主导的城市发展的斗争，例如天星码头的抗争（Hayllar，2010）。

小结

Sassen（2006）定义了一个全新的全球化阶级，他们存在于南北方的城市中，但仅限于这些城市的部分地区。她认为，像圣保罗、约翰内斯堡和纽约等城市的新兴全球化阶级与世界其他城市的精英阶层反而有更多交集，而与自己国家与城市的交流相对较少。她定义的新兴全球化阶级与具有高度流动性的跨国阶级有更多相似性（参见"Butler 和 Lees，2006"的相关评论）。全球的绅士化群体包括我们在巴拿马以及其他案例中看到的群体都是非常多元化的，例如收入（有些人非常富有，而有些人处于中下阶层）、政治观点（有些人力挺自由主义，而有些人支持保守甚至专制主义）、生活方式（有些人是高度的消费导向型，而有些人的程度则低很多）。例如，在非洲一些城市中有真正的精英绅士化群体，而在拉美的一些城市，如布宜诺斯艾利斯，绅士化群体其实并没有那么富有。这在全球范围内呈现出一幅相当混乱的画面。但显而易见的是，南方国家的绅士化群体与英美传统的"新"中产阶级并不相同。在《共产党宣言》中，马克思和恩格斯（1848/1967）写道，资产阶级的崛起"迫使一切民族或国家——如果它们不想灭亡的话——采用资产阶级的生产方式；迫使它们推行所谓的文明，即变成资产阶级。一句话，它按照自己的面貌为自己创造出一个世界"（第84页）。全球绅士化群体现在是"资产阶级"，而且是有抱负的"资产阶级"，这一点是他们在全球范围内最大的共同点。另外也还有其他的趋同，因为全球的绅士化似乎已经形成了一种郊区思维、一种保守的"绅士化思维"。很多时候，国家和地方层面的城市改造政策实现了他们的目标，旨在满足消费者的城市偏好，但这并不意味着中产阶级在任何地方都会果断行使阶级权力来改造社区（Davidson，2007）。这种星球绅士化和星球郊区化之间的联系，以及城市与郊区的思维模式还有待进一步探究。

然而事实是，全球绅士化群体作为（个体的）绅士化代理人，其作用不论是在北方国家还是南方国家都不突出。星球绅士化的核心角色是国家——新自由主义或权威主义。在全球范围内，新兴中产阶级的增长，对新住房需求的增加，加上房地产投资利益的不断提升，产生了新的"绅士化"城市形态，但在全球南方和东方，国家才是绅士化过程的核心要素。从南方国家看，新中产阶级的崛起及其较高的消费能力可能不是绅士化发生的先决条件，但却与其他结构性因素构成了必要条件，甚至可以说，绅士化可能是一种广泛的政策效应，旨在重新配置城市和国家的社会空间再生产。

另外，还有一种超级富豪主导的"绅士化"，不是 Lees（2003）以及 Butler 和 Lees（2006）讨论的与全球金融业有关的超级绅士化，而是超级富豪精英在南北方国家跨境投资带来的绅士化。例如中国内地的投资人在伦敦和中国香港投资（2008年后中国香港的房地产繁荣得益于中国内地投资者，他们对冲风险，并将资产从中国内地转移出去），以及中东石油富豪或俄罗斯精英/寡头投资海外房地产市场（伦敦膨胀的房地产市场归咎于这些海外投资者）。在伦敦，像肯辛顿－切尔西、诺丁山、汉普斯特德和圣约翰伍德这样的多元化社区，富裕的中产阶级正在被新的超级富豪所取代。此外，基于对这种资金的预期，开发商正在伦敦大范围推动绅士化。这些跨国投资者很重要，但我们的论点是，星球绅士化较少依靠全球绅士化群体（南北方国家的新中产阶级），而更多的是由政府支持的（跨）国家开发商、金融资本和跨国机构（包括国际货币基金组织和世界银行等国际金融组织）促成。

5
全球绅士化蓝图?

21世纪，一些研究绅士化的学者表示，绅士化是一幅全球范围内大规模生产、经营、消费的蓝图。随着城乡二元结构的瓦解、城市化进程的加快以及对都市生活方式的渴望，第三世界国家的城市开始经历绅士化（Davidson 和 Lees，2005：1167）。另一些学者则表达得更为谨慎：

在世界上大多数地方都有一些我们称为绅士化的现象。然而，它不像一瓶带有注册商标的可口可乐，可以在全球任何房地产市场上买到。（Butler，2007a：164）

Smith（2002）认为，绅士化已经成为一种"全球城市战略"，在20世纪90年代就已经演变成世界各地政府与私人资本结盟的一种城市战略（第440页）。绅士化已经成为全球城市政策转移的一部分，其中内城"再生"与"复兴"的成功迹象吸引着国家、大都市区以及地方政府促进中心城市的中产阶级化/精英化。在本章中，我们将研究全球范围内是否存在明显的全球绅士化蓝图。正如Robinson（2011b：22）所说：

我们在如何描述城市政策转移和学习的空间性上存在很大问题。重要的是质疑政策交换以及创新的理解，这些理解是建立在殖民主义和发展主义假设上的城市研究。

所谓蓝图，是指为需要复制的东西制定的模型或行动纲要。但在世界各地的政策和计划中，绅士化是否被复制或采用？根据Robinson（2002）的说法，Roy（2009：820）转述Robinson（2003：275）的观点指出，被视为模式、产出理论和政策的第一世界城市（全球城市），与被视为问题、需要诊断和改革的第三世界城市（特大城市）之间长期存在的分歧，是一种"调节性的虚构",这种"不对称的无知"需要被纠正。

长期以来,绅士化研究存在扩散主义逻辑的假设,即绅士化作为过程和蓝图,从全球北方的大都市向下和向外扩散:

> 绅士化似乎已经从北美、西欧和澳大利亚的大都市中心迁移……与此同时,市场改革、更大的市场渗透率和人口迁移促进了内部变革(Atkinson和Bridge,2005:2)。

这种扩散主义在近期的研究中得以延续,例如Peck(2010)谈到了"创造性绅士化"的快速政策在世界范围内的流动性。在南非的绅士化文献中,这种传播逻辑尤其明显:Visser和Kotze(2008)认为,在南非,城市再生和更新政策显示了"全球经济力量和城市再生思想的印记"(第2569页)。Winkler(2009)认为,约翰内斯堡的城市内部再生只不过是"绅士化的委婉表达",这是由于对新的全球政策盲目信任,或者像她的研究标题所示,这是一种全球绅士化向南方城市的延伸。她的分析展示了约翰内斯堡中央商务区的市场驱动型再生,可以作为绅士化如何成为全球城市政策制定者关注焦点的范例。

相比之下,Dutton(2005:213;另见Dutton,2003)等作者抱怨,这种来自因全球城市饱和而向下渗透的印象,意味着在任何地方都存在单一的绅士化机制,忽视了地方语境在"调解绅士化过程"中所起的作用。最近,Teppoand Millstein(2015:419)在写关于开普敦的文章时做了一项很好的工作,他们研究了"调解背景",认为这些公开裁定、讨论和争执与北方城市有很大不同。他们指出,殖民与后殖民的历史遗留、社会阶级、"种族"观念,以及大规模不平等的收入分配等因素影响了开普敦的绅士化程度。

在这一章节,我们将展示绅士化的蓝图、模式和政策,但它们的转移并不总是由北到南、由西到东、由全球城市到省级城市、由城市到农村甚至由城市到城市等，它们是根据语境和背景而调整的。绅士化的区位与流动性是复杂的、偶然的，有时候也是矛盾的，这点我们可以从新自由主义政府的移民分析中了解到（例如 Ong，2006；Ferguson，2009；Park、Hill 和 Saito，2012）。

我们在本章提出一个重要的观点，即不存在明确界定或标签化的"绅士化政策"。这是因为北方国家政府很清楚，将政策标记为"绅士化政策"会使其与社会清理这一负面行为联系起来。政府所做的是使用更为中性的标签（例如城市再生、城市更新、城市复兴），或是自由主义的道德话语（例如混合社区政策、城市可持续发展），又或者使用代表经济良性发展的术语"创意城市"。有时，实施以"生态城市"或"智慧城市"为标签的新城镇项目，也会对邻近地区造成绅士化压力。很简单，这些"没有名字的绅士化政策"正在软性兜售各种绅士化理念和议程。没有标签的绅士化政策使抵制绅士化变得更加复杂，该过程本身也更为隐蔽和更具有侵略性。此外，意识形态上完全不同的行动者正在从这些模式中挑选内容，以彰显他们的全球城市性，但这些观点要么不适应当地的政治和文化，要么被改变为当地接受的版本。在寻找绅士化蓝图时，我们必须清楚，政策只是偶尔会在完全成型的情况下推行。而更为常见的是，当政策被视为跨越时间和空间进行自我复制时，真正推行的是一套更为分散化的经验和做法，而一旦这些经验和做法被推行，它们就会转化为政策，有时可以识别为原始的政策品牌或者类型，有时则不能。这个过程高度依赖于偶然的转化和创新，而且过程很少是线性的。有时，政策只是一种装扮，只是为了使当地精英长期设想的内生发展项目得以实施。

研究"全球绅士化蓝图"时，我们致力于拓展对 Brennerand

Theodore（2002：349）所指的城市建设与"实际存在的新自由主义"之间的关系的理解。在这个过程中，我们详细阐述了私有化的新自由主义倾向，这些倾向在全球通过城市内部交往、全球理论、政策、技术的交流而体现（Larner 和 Laurie，2010：218；Ward，2008；McCann，2008）。我们展示了类似的新自由主义政府在全世界范围内开展（或不开展）绅士化的方式（Salomón，2009；Brenner、Peck 和 heodore，2010；Peck，2002）；以及绅士化过程是如何嵌入（或不嵌入）内城政策采纳、流动和学习的快节奏与自我反思的逻辑中的（McCann 和 Ward，2010；Peck 和 Theodore，2010a、2010b；McFarlane，2011）。我们认为新自由主义并不是一种殖民力量，而是与地方发展主义在多个方面以时空非均衡的方式相互影响。例如，东亚学者长期就区域发展型国家向新自由主义国家转型的程度而展开讨论，他们意识到，尽管新自由主义化程度不同，在东亚经济体中，一些发展主义型国家在某种程度上仍然保持原有的一些特征。

Peck（2003）认为，新自由主义起源于 20 世纪 80 年代初，开始于智利和墨西哥的边缘而非核心地区。新自由主义最初由北方国家设计，在 1973 年美国支持的军事政变中，以及在 1982 年以美国为首的救援计划中，智利和墨西哥分别进行了首次新自由主义尝试。此后，其他拉美国家也开始推行，将其作为国际货币基金组织（IMF）、世界银行和美洲开发银行（IDB）贷款或重新谈判债务的条件。正如 Betancur（2014）所言，拉美进行新自由主义休克疗法的同时，与北方经济也紧密相连。其结果是该地区的大部分资本从制造业转向了金融业和商业，资本集中于中、上层阶级的新项目上，使城市商品化。但这种转变受到地区欠发达、非正规性和有限的市场容量的限制。20 世纪 80 年代撒切尔和里根的私有化政策考虑到了这点，自此，似乎无论国家政策如何，新自由主义已成为城市政策的核心。正如 Larner（2000）所说，新自由主义治理机制可以用于完全不同的政治背景和项目中，这需要对新自由主义进行相对开放的解读，但并不是说新自由主义是无处不在的。

在"城市政策全球化"的讨论中，Cochrane（2007）认为当代城市政策聚焦于"外部环境建设的积累"，即房地产开发以及使用政策调节日益加剧的社会不平等现象，如 Smith（1996）的复仇主义。其他学者则更进一步认为，城市政策作为阶级项目的一部分向全球输出，并以资本积累为目的重塑了全球的城市（Peck，2003）。我们的批判政治经济学方法就是以此为基础。

绅士化 / 城市再生模式

西班牙"巴塞罗那模式"和"毕尔巴鄂模式"都对世界范围内的城市更新政策和绅士化产生了重大影响。McCann 和 Ward（2011）认为，它们具有一种代表性力量，可以作为变革性政策在不同的地方运作。Peckand Theodore（2010a）谈到了一个显而易见的悖论，即政策越是流动，就越是被贴上像巴塞罗那这样的标签。

"巴塞罗那模式"可能是全球城市政策转移中最著名的例子，是"城市复兴"中"最佳实践"的典范。1992 年的奥运会为巴塞罗那的城市再生提供了机会，以此销售巴塞罗那的"成功故事"（Marshall，2004），成功将文化战略与城市再生结合来解决社会问题，但该模式现已被批判和反驳（Degen 和 García，2012）。González（2011）研究了专家访问形式的"政策旅行"如何促进"模式"的国际传播。然而,"巴塞罗那模式"并非明确的概念(Blanco,2009;Monclús,2003;Marshall,2000;Garcia-Ramon 和 Albet,2000),也不是单一的模式。不过,它提倡城市设计(自上而下的小规模干预,以提升街区档次)、城市治理(在提升城市形象方面的领导力)和战略规划(同样是自上而下,例如道路规划等)。这些战略的结果是,前工业空间和工人阶级社区被服务和知识经济占用,用于居住和生产,产生了绅士化。

具有讽刺意味的是,巴塞罗那模式曾被视为国际城市化领域的唯一范例,但事实并非如此。这种进步价值观的背后是相对保守的机构资本,以及与社会极化和社会排斥相关的负面后果,这些都不断被忽视。尽管如此,20 世纪 90 年代末英国城市工作组主席,"建筑大师"理查德·罗杰斯爵士,将巴塞罗那作为当时新工党政府领导下的英国城市复兴政策典范(Lees,2003)。在城市工作组《走向城市复兴》的导言中就有巴塞罗那市长 Pasqual Maragall 写的前言。理查德·罗杰斯爵士随后成为巴塞罗那市长城市战略咨询委员会的成员,表明了他在政策上的转移和循环。

依托城市项目,巴塞罗那目前成为以象征性竞争和互相模仿为标志的全球城市网络的重要角色。巴塞罗那模式推动了 Zukin(2010)所描述的绅士化的、净化的城市发展,也是其他学者所描述的有大量当代建筑和城市博物馆的城市。每个借鉴巴塞罗那模式的城市似乎都渴望获得同样的城市复兴计划,却没有对该模式的内涵和外延给予足够的关注。

伊比利亚美洲战略城市发展中心(CIDEU,西班牙语缩写)作为地方政府的战略合作伙伴和技术顾问,将巴塞罗那模式的企业和技术知识输出到拉美(Steinberg,2001)。Rojas(2004)认为,20 世纪 90 年代拉美中心区或历史区的大量高档城市再生计划都受到巴塞罗那的启发。Parnreiter（2011）讨论了政策流动背后的专业性和城市网络，包括 CIDEU，它的建立是为了向拉美输出"巴塞罗那模式"（Salomón，2009），成员包括来自伊比利亚美洲的一百多个城市，这些城市都采用了"巴塞罗那战略城市规划方法"。González（2011：13f）指出，单向流动在巴塞罗那的案例中尤为突出，咨询公司已经将这种模式"销售"给了主要的拉美城市。这也是近期关于拉美绅士化言论产生的原因之一（Janoschka、Sequera 和 Salinas，2014）。

但 González（2011：4）强调，加泰罗尼亚的首府是"政策流动空间"的节点，而不是起点（也见 Peck 和 Theodore，2010a），这意味着巴塞罗那既是战略规划思想和实践的接收者（主要来自美国和加拿大），也是发送者。这一点强调了关于绅士化线性、扩散主义等观点的错误性。同样，Monclús（2003：417）认为巴塞罗那的声誉主要基于当地政府"借鉴、改编和扩展最先进的国际城市规划文化"的能力。作为"巴塞罗那模式"销售的，其实更多的是所谓的"少数模式"（Marshall，2000：315），其性质取决于买家是谁（González，2011）。

20 世纪 90 年代曾出现由巴塞罗那的规划者支持的两个例子，即拉丁美洲国家领导的绅士化，也被称为"城市更新"项目——厄瓜多尔瓜亚基尔市的 Malecón 2000 滨水区改造项目，以及布宜诺斯艾利斯的马德罗港重建项目（图5.1）。这两个项目都是在盛行的新自由主义规划理念的指导下进行的，但是却未能实现最初关于社会混合和提供公共基础设施的承诺（Cuenya 和 Corral，2011）。来自巴塞罗那的专家为布宜诺斯艾利斯管理团队提供了关于马德罗港复兴的方案和策略。但是在 1990 年，当巴塞罗那专家向布宜诺斯艾利斯市长提交战略计划时，由于该项目缺乏地方参与而爆发了抗议活动，迫使该

图5.1 2012年布宜诺斯艾利斯的马德罗港重建项目（图片由 Ignacia Saona 提供）

组织为马德罗港举办了全国性的创意大赛。社区行动小组和其他抗议人士认为，出售公共土地筹集马德罗港再开发的资金，本应更好地投资于该市其他地方的社会福利项目。批评者还抱怨说，尽管塑造了世界城市级别的新景观，但该地区在社会经济上相对独立，大众已被排斥在项目之外。

相比之下，作为拉丁美洲最大规模的城市更新项目之一，厄瓜多尔的 Malecón 2000 滨水区重建项目是最为成功的。1996年，英国牛津布鲁克斯大学的城市研究团队受邀就瓜亚基尔的河滨改造提出规划建议，他们将河滨作为一个大型的公共空间，并遵循类似城市更新项目的理念来进行改造，例如巴塞罗那的 Barceloneta 和迈阿密的 Bay Side。牛津布鲁克斯团队表示，该项目的主要目标是"为所有瓜亚基尔居民创建一个大型公共空间，在这个空间内没有明确的界线，以重塑城市与河流的关系,并将此作为城市中心更新进程的触发器"（Carbajal 等，2003：20）。该项目的初步规划提议和管理方案基于对巴塞罗那、迈阿密海湾以及马德罗港的研究，大量调查表明公众对该项目的满意度非常高。而在国际上,世界卫生组织（WHO）

和泛美卫生组织（OPS）称它是"健康的公共空间"。这一城市复兴没有经历以直接置换为特征的绅士化过程，因为现有居民仍可以居住在原有住房中，但却同时存在间接置换（见 architectureindevelopment.org 上的案例研究）。

巴塞罗那的新焦点是 22@Barcelona 项目，该项目已将重点从旅游业转移到新技术产业。22@Barcelona 模式是从巴塞罗那输出到里约热内卢、波士顿、伊斯坦布尔和开普敦等城市的最新模式（见 22barcelona.com）。该项目始于 2000 年，位于巴塞罗那历史街区 Poblenou 的工业用地。这种"生产性更新"致力于土地的混合使用，以增强社会凝聚力，并促进更加平衡的城市经济可持续发展，重点在于城市发展、工业区经济振兴以及构建紧凑而多元的城市。这种发展模式已经进入东亚地区。在主题为"城市，让生活更美好"的 2010 年上海世博会上，巴塞罗那是城市更新的典范城市。在城市展台上，巴塞罗那向全世界展示了如何从 Ciutat Vella 和 22@ 区的模式中定义和反思最佳城市实践。巴塞罗那模式已经具有标志性的地位，世界野生动物基金会一份印度的报告就证明了这一点，执行摘要中提问到："我们怎样才能确保印度未来的城市发展轨迹遵循巴塞罗那而不是亚特兰大呢？"（Sangal、Nagrath 和 Singla，2010：7）2013 年 4 月，来自印度 20 个不同城市的 30 名城市和公共行政人员组成的印度政府代表团访问了巴塞罗那。访问期间，代表团有机会与巴塞罗那的城市代表就政策和城市活动交换意见，并参观了巴塞罗那的 22@ 区。

与巴塞罗那模式一样，毕尔巴鄂模式也是一种城市更新模式，其重点更多地放在以艺术为主导的复兴上（Rodriguez、Martinezand 和 Guenaga，2001）。Vicarioand Monje（2003）认为，"……尽管毕尔巴鄂的城市更新被吹捧为独特、创新和典范的战略,但实际上它们是多年前最先在英美众多城市出现的设计模式的最新延续。毕尔巴鄂所遵循的干预模式明显受到匹兹堡、伯明翰和格拉斯哥等城市早期制定战略的启发……可以看作20世纪80年代以来一个著名的旗舰地产主导项目重建案例,体现了城市复兴的核心要素"(第2384页)。古根海姆博物馆于1997年在西班牙北部的毕尔巴鄂开放,它由一位精力充沛的市长委托建立,希望能够扭转这座城市的命运。据称,在博物馆开放后的前三年,它为地方政府筹集了超过1亿欧元的税款,足以收回建筑成本。到20世纪90年代末出现了一些争议,集中在所谓的"古根海姆效应"(Gómez和González,2001)或"毕尔巴鄂效应"。许多其他城市,如柏林、阿布扎比和威尼斯,都试图复制毕尔巴鄂所谓的成功,而古根海姆基金会长期以来都较为热切地满足这一需求。

而事实上,这种做法却遭到指责,称他们从古根海姆这一品牌的成功中获利,并将其像麦当劳一样产业化。新的阿布扎比古根海姆博物馆将作为古根海姆和卢浮宫的当地分支,建于阿联酋(UAE)首都阿布扎比的萨迪亚特岛文化区。围绕它的问题很多,从反对美国在阿布扎比的霸权主义到担忧工人的生产生活条件。塞尔维亚最近与阿布扎比投资者签署了一项协议,该投资者将进行价值数百万美元的迪拜风格河滨重建项目——贝尔格莱德滨水区,这是房地产大亨Mohamed Alabbar、开发商Eagle Hills和阿联酋航空在中欧/东欧的首批项目之一。该项目计划建造"可供14000人使用的酒店、办公楼和公寓,巴尔干地区最大的购物中心以及一座坐落在萨瓦河畔两百万平方米荒地之中的200米高的弯曲塔楼"(Sekularac,2015)。据报道,签署协议时,数百名抗议者聚集在一起,对该项目的规模和成本表达了担忧。

绅士化政策

我们特意把这一节放在北方/西半球（西班牙）之后，用以说明掉入假定向南方/东半球扩散的圈套是多么容易。公众需要更细致地理解，那些所谓的新自由主义政策，实际上在全球南方的许多国家已经存在。诚然，在过去的三十多年里，新自由主义的城市政策有所增加，几乎所有的民族国家都采用了某种类型的新自由主义政策（Harvey，2005），但这并不意味着各国在历史上不曾有过这些政策。近几十年来，我们看到了北美和西欧中央政府的选举，拉丁美洲的维稳政策，东欧和苏联的剧变，以及中国等社会主义国家的市场经济转型。新自由主义政策用自由化、放松管制、私有化和非政治化逐渐取代了凯恩斯主义的战后思想。在研究北方国家和部分南方国家的绅士化推动性政策时，我们可以观察到，掌握政策话语权的政府正由管理者/福利国家的角色转变为更具企业家色彩的角色（Brenner，2009：44）。这些政策性话语包括"在政策实践中正在产生、复制和/或转化的特定思想、分类和叙事的组合"（Hajer，1995；引自 Arnouts 和 Arts，2009：206）。政策话语决定了政策的制定方式，也确实影响了政策的内容。它由"可重复的语言表述、社会空间物质实践和权力理性配置"组成（Richardson 和 Jensen，2003：16）。

政策不仅仅是新自由主义话语的衍生物（第 2 章），而且是在话语中共同形成的（Arts、Lagendijkand 和 van Houtum，2009）。例如，国家和地方政府治理的基本原则和道德考虑，能够削弱新自由主义的尖锐性言论。在某些地方，历史上粗暴和强制性的城市政策与新自由主义政策并无二致,因此他们之间建立了联系。

正如我们所说,21 世纪的绅士化进程正以三种特殊的政策形式推动,即零容忍治安政策(复仇主义的一种形式,见 Smith,1996)、混合社区政策(或隐性绅士化,见 Bridge、Butler 和 Lees,2011)以及创意城市政策(或创意绅士化,见 Peck,2010)。后者包含了对前者的期望,因为创意类型需要社会和文化的多元性/混合性。在本章,我们将重点讨论这三种绅士化政策!

零容忍治安政策

Neil Smith(1996)讨论了纽约市的零容忍政策,作为他的"复仇主义城市理论"的一部分(Lees,2000;Lees、Slater 和 Wyly,2008:222-234)。但是,就本书的主题而言,更有意思的是他针对第三世界城市的复仇城市讨论:

> 长期以来,第三世界城市在西方被描述为类似的"复仇主义城市",在这些城市里,自然和人类习惯性地对堕落和挥霍无度的民众进行恶性报复。在里约热内卢,有组织地谋杀流浪儿童;孟买穆斯林对印度教的大屠杀;在德班,进行选举前对南非人的屠杀……诸如此类现象所展示的第三世界城市是特殊的、无法解释的暴力场所,本质上即为报复的地方,这也许是可悲的,但通常也是合理的暴力。(Smith,1996:208)

Smith(1996)称,第三世界的复仇主义一直存在,可以说南方国家新自由主义政府处理社会不平等和阶级冲突的方式就是加强警力以暴力解决。与其天真地认为零容忍政策是由北向南或是由西向东传播,不如说在 20 世纪 90 年代,纽约市的零容忍政策成为南方国家更新的、更加技术化的以及残酷的政策实施的蓝图,这个蓝图甚至通过向其他地方传输这一主张而获得了合法性。

William Bratton 为纽约市设计的零容忍反犯罪模式已被复制到世界各地,这很容易与支持绅士化联系起来,通常以"清理"地区作为绅士化的前奏。在纽约市,Bratton 和 Giuliani 创建了一个自下而上的战略,称为"破窗"。1994 年,纽约市市长 Rudolph Giuliani 聘请 William Bratton 担任纽约市警察局局长,并开始关注"生活质量犯罪",即所谓的"啤酒和小便"巡逻,主要针对醉酒、公共场所排尿、乞讨、破坏和其他反社会行为(Fyfe,2004:45)。他们 1994 年的策略"回收纽约的公共空间"得到了 George Kelling 和 James Wilson(1982)"破窗理论"(见 Innes,1999:398)的支持。

纽约市镇压行动的成功导致英国很快也采用了零容忍政策,当时的影子内政大臣 Jack Straw 访问了纽约市(Fyfe,2004)。2003 年,前纽约市市长 Giuliani 获得 430 万美元的咨询费,用于在墨西哥城制定全市犯罪计划的政策建议,希望能像他在 20 世纪 90 年代在纽约做到的那样,对轻微犯罪行为进行更严厉的处罚和打击。亿万富翁 Carlos Slim 和当时的市长 Andrés Manuel López Obrador 邀请他到墨西哥城,请求他以城市清理方面的专业知识来"拯救"墨西哥城"犯罪猖獗"的历史中心城区。Giuliani 在墨西哥城穿过 Tepito barrio 地区(因非正式摊贩而在国际闻名,也被称为 ambulantes),随行的有 300 名安保人员以及盘旋在城市上空的直升机。朱利安尼伙伴有限公司是他的安全咨询公司(在他离开市长办公室后成立),在 2003 年写了一份 146 项的计划,称为"朱利安尼计划",获得了政府的全力支持。该计划原本打算在墨西哥城实施与纽约市相同的工作,但因忽视文化差异和当地实际情况而受到批评,包括普遍的腐败和训练不足的警察、无效的司法系统以及墨西哥城地下经济的重要性等。与纽约市不同，该计划没有带来稳定和安全感（Mountz 和 Curran,2009）。但是,如果要讨论"朱利安尼计划"，就必须要讨论 Manuel López Obrador's 为墨西哥城所制定的更广泛的计划，尤其是他的全球城市战略。具体想法是，国家制定政策吸引投资注入历史悠久的市中心，从而吸引上层/中产阶级居民在此居住,同时吸引游客参观（Walker,2008）。这个新自由主义的市政绅士化计划于2001年率先推出，与"朱利安尼计划"一致，希望从非正式摊贩手中夺回墨西哥城的历史中心。大规模的项目如 Programa de Rescate，旨在翻新的区域是巴塞罗那历史区域面积的三倍。在这个案例中，绅士化过程可分为三个阶段：第一，更换自来水和污水基础设施,建立商业走廊；第二,建设酒店、游客中心和摩天大楼；第三，也是最重要的，移除和重新安置在中心生活和工作的约30000名的摊贩，增加公共设施以加强安全性（包括在不同地点设置可与警方联系的紧急按钮）。在墨西哥城，我们看到了一种由国家主导的绅士化推行新自由主义的形式，其中，国家实施了零容忍的城市政策,以便对早期形成的"问题区域"进行绅士化。

同样在巴西，里约热内卢的警察颁布了零容忍政策，向该市的轻型罪犯宣战（战争当然是历史性的，巴西的警察暴力并不新鲜，从20世纪80年代屠杀街头流浪儿童可见一斑）。他们将这个想法再次归功于纽约市市长 Giuliani。在读完 Giuliani 的零容忍治安政策成功清理纽约的新闻报道后，宪兵队长 Celso Nogueira 上校得出结论，该策略非常适合里约热内卢人口密集、游客活动集中的科帕卡巴纳社区，他开始在那里实行试点计划。他们增加了海滨监视摄像机和无线电巡逻警察的数量；打击无证摊贩、小偷和不守规矩的驾驶者；逮捕强征司机停车费的人。该计划随后扩大，以打击乞丐的营地，并将街头流浪儿童安置在避难所，不公平地针对该市的穷人和弱势群体。由于无法强行驱逐街头人员，里约热内卢的警察从街道上移走他们的床上用品，并增加对街头小贩和其他"边缘人员"的扫荡来对他们施加压力。在 2014 年世界杯前夕，警察暴力事件有所增加，包括殴打和使用胡椒喷雾。有宣传部门和政府官员表示，该计划为游客和富人清理街道，牺牲了里约最弱势的群体。但与墨西哥的"朱利安尼计划"不同，里约的零容忍计划在规模上远小于墨西哥，且只聚焦于特定社区。该计划缺乏成熟的政府支持，只得到了一些社区理事会的支持。然而，在 2009 年底，Giuliani 宣布他们与里约热内卢就 2016 年夏季奥运会签订了安全咨询合同（另见第 7 章关于首尔奥运会相关重建计划中政府行动冲突的大规模升级）。

混合社区政策

在北美和一些西欧国家，通过将中等收入人群纳入低收入社区来鼓励形成混合社区，已经成为主要的规划和政策目标，并且该趋势仍在继续。规模最大和资金投入最多的项目在美国、英国和荷兰，但同时加拿大、爱尔兰、法国、荷兰、比利时（Bridge、Butler 和 Lees，2011）以及英语地区（例如澳大利亚和波多黎各）也有该类规划和政策的施行。鉴于过于强势的新自由主义是一种政治自杀行为，在 20 世纪 90 年代和 21 世纪初，新自由城市主义开始使用社会混合、社会资本、社会凝聚力、多样性、可持续性、社会参与和赋权等"软性"话语。这些软性话语既是新自由主义话语，同时也是道德的、常识性的，并且已经在缩减的福利国家中取代了再分配政策（Jessop，2002a；Mayer，2003；Sheppard 和 Leitner，2010）。

但是他们并没有四处推广，因为在南方国家的部分社区，混合社区政策根本不算新鲜。在"混合社区"成为西方城市政策之前，印度加尔各答自1972年国家住房委员会成立以来就一直存在社会和经济混合现象。1972年，邦政府为比哈尔邦住房委员会购买了1025英亩（约414.8公顷）土地，以便为中低收入以及较高收入群体开发城市住房项目。这是一种较为普遍的政策，以使资金不足的政府能够对不同收入群体交叉补贴。最近，该邦实施了混合收入住房战略，旨在规范所有邦政府建立的和新的公私合作计划，与政府关于经济适用房的新言论有关联（Sengupta，2013）。但是，和西方一样，这种方法往往会抑制社区混合的可持续性。市场自由化协助了国家资助的豪华住宅区建设，使城市边缘密集化以及绅士化，通过创造一个有门槛的、展现资产阶级权力和美学的领域，保证该区域的全球化服务和生活方式，以此吸引富裕的买家。在社会文化方面，这些新的地产显示出入住家庭收入的增加和规模的缩小，而且由于租金和生活成本的增长已导致低收入居民被间接置换。收入调查的漏洞和低收入家庭的分配显示出有高收入者入侵的现象，这表明混合收入政策正在导致绅士化。因此，在政府提供或支持的郊区居住区里，低收入家庭的数量正在大幅度下降。这些在加尔各答城市边缘发生的事情，也是印度其他城市乃至南方国家城市的普遍症状。

新自由主义发展的中心地位在这个过程中非常明显，从而导致了与西方一致的郊区异质且非均衡的绅士化进程。Bose（2014）关于印度的研究指出，当前这种全球绅士化的形式正在上演，通过这种形式，人和地方正在从根本上进行重组。

"混合社区"或"社会混合"在北方国家也并不是新概念（Lees，2008）。它在20世纪90年代重现，以应对西欧和北美内城大量集中的社会同质化的贫困人口。美国国会在1992年通过了美国住房和城市发展部（HUD）的HOPE VI计划（居有其所和机会平等计划）。该计划已经开始拆除美国中心的大型公共住房项目，并置换了该项目中的居民，取而代之的是新的混合收入社区。混合收入社区的概念与 20 世纪 50 年代围绕"平衡社区"的观点类似，其观点是社会多样性将丰富居民的生活，促进对社会和文化差异的包容，并提供教育和工作的榜样。然而，HOPE VI 受到越来越多的批评，因为该项目没有提供一个真正的混合社区，民众也没有因这个新的混合社区而得到任何受益（Joseph, 2006; Fraser 和 Nelson, 2008）。正如 Wilson（1987）所阐述的那样，仅与中产阶级重新融合并不足以产生社会流动性，还需要改变阻碍就业等方面的结构性经济条件。

  南方国家的现象也得出了类似的结论。通过对芝加哥和智利圣地亚哥两个在历史上曾出现隔离政策的城市进行比较分析，Ruiz-Tagle（2014）评估了社区社会多样性与社会空间整合几个维度之间的关系。两国主流政策制定者均坚信并捍卫的观点是，不同社会群体之间的物理接近能够实现社会融合，但 Ruiz-Tagle 对此持反对态度。Ruiz-Tagle 指出，没有任何证据能够表明社会混合住房政策能够消除阶级导向的恐惧和排斥所带来的障碍。Ruiz-Tagle 发现，无论城市以何种形式将不同社会群体聚集在一起，他们的物理接近程度都不能直接创造出贫困分散政策支持者所相信的结果。换句话说，社区多元化并不是增加就业机会、改善群体间关系或减少对房地产市场的排斥的充分条件。恰恰相反，在圣地亚哥和芝加哥进行的研究表明，居住在混合社区的社会底层群体就业机会有限，获得优质教育的机会较小，维持与社会上层群体的关系非常困难，同时仍然在住房问题上遭到排斥。

  国家主导绅士化的 HOPE VI 计划已在波多黎各开展（Fernández Arrigiota, 2010）。鉴于其与美国联邦政府的政治和金融联系，这也许并不令人惊讶。该计划中公共房屋系统主

图 5.2 2012 年伦敦艾尔斯伯里庄园（The Aylesbury Estate）——《每日邮报》将其污名化为"地狱的候诊室"（洛蕾塔·李斯 摄）

要由 HUD 的项目资助，和美国一样，没有得到资助的公共住房被拆除，以便为市场租赁住房让路，基于租户的优惠券用于分散贫困人口。其中一个例子是 Las Gladiolas 的高层公共住宅区，位于波多黎各圣胡安的金融区。它是当时波多黎各贫民窟清除计划的一部分，建于 1973 年，现居住着 670 个家庭。与全球其他地区的高层建筑一样（如伦敦艾尔斯伯里庄园，见 Lees，2014b，图 5.2），Las Gladiolas 由于毒品和犯罪的滋生而被指责为一次失败的尝试，房屋署十多年前就宣布了拆除该地的计划。值得注意的是，Las Gladiolas 距离 Golden Mile 金融区仅一个街区，换句话说，这里是高租金地段。警察局长 Pedro Toledo 于 1992 年至 2000 年期间在 Mano Dura 根据 Rosselló 政府的方案，对波多黎各大多数犯罪活动发生的公共住房地区，实施零容忍政策，并将 Las Gladiolas 的重建工作作为减少犯罪的手段宣传给公众（Fernández Arrigiota，2010）。波多黎各公共住房管理局于 2006 年获得了 HUD 的拆迁许可证，同年，200 名 Las Gladiolas 家庭在联邦法院提起诉讼，质疑驱逐令，并辩称他们未经正当程序通知并要求允许他们参与地区的发展。

追溯到 2000 年，原告指控联邦政府没有就拆除该建筑群的计划征求居民的意见，也没有按照联邦法律将建筑物保持在宜居状态。但 Las Gladiolas 于 2011 年被拆除，该遗址被重建为联排别墅式的补贴住房。在这里，国家主导的绅士化可以看作歧视 Las Gladiolas 居民的后殖民"项目"。这个政策本身可以看作美帝国主义影响波多黎各的一个例子（Briggs, 2002）。

南非也在进行以城市拆旧建新为目标的混合收入住房开发，从而在种族上和社会上对人群进行融合，以及缓解城市贫困和隔离。约翰内斯堡正在大力提倡混合收入住房，谴责穷人和富人不能并存的负面观点，以及住房开发中的公私合作制（Onatu, 2010）。为了处理非正规住宅区的正规化问题，当地政府已开始进行大规模的混合住房开发，位于索韦托（Soweto）的 Lufhereng 是一个规模较大的混合收入及混合住房开发项目，将建造 24000 个混合收入住房，包括学校、诊所、运动场和娱乐设施，从而构成一个完整且可持续的社区。Lufhereng 这个名字来自一个文达语词汇"lufhera"和一个塞索托语词汇"reng"，特指一个团结一致的地方。Shaw（2011）认为，虽然绅士化可能是"当前全球化"中"有弹性但有针对性"的过程，但社会混合政策却不是。然而，这个案例则表明事实并非如此。

创意城市政策

Richard Florida（2002）的创意城市观点将城市竞争力重塑为文化和经济的"创造力"。该观点通过城市付费讲座、会议、宣传活动和政策蓝图文件而传遍世界各地。随着创意城市咨询业的发展，鼓励"创意城市"已经成为一项重要的业务。创意城市顾问出售"如何创造"一个新的和令人振奋的城市环境（职住一体、自行车道、历史建筑等）蓝图，这将吸引各类创意类型，与 20 世纪 60～70 年代的先锋绅士化群体在西方城市寻找可持续、多样化、自由、充满活力、前沿的城市环境非常相似。创意城市蓝图简直就是一个绅士化群体的宪章（Lees、Slater 和 Wyly，2008）。然而，最近人们一直在讨论创意城市政策的全球分异（Cunningham，2009），一些学者正在寻求超越欧美中心，对创意城市话语体系更为广泛的理解（Pratt，2009：19；Luckman、Gibson 和 Lea，2009）。

为什么创意城市变得如此具有流动性，这一点还存在很大争议。一些人认为这是经济全球化的结果，是正在进行的经济结构调整的一部分（Prince，2010）。以 Peck（2001、2005）为代表的其他学者认为 Richard Florida 的创意城市/阶级完全符合新自由主义发展议程，该议程基于竞争、绅士化、中产阶级消费和场所营销。创意城市在实践中的平庸本质被 Florida 的营销宣传所掩盖，"创意时代以一种势不可挡的社会革命形式到来"（Peck，2005：740-741）。根据 Peck（2005）的观点，城市政策领域长期缺乏新的创新思想，而创意战略因其提供"独特的话语体系和表面上可行的议程"（第 740 页），而能够迅速流行起来。政策制定者似乎毫不怀疑地接受了创造力是经济增长的基础这一假设（Peck，2005）。在漫长的资本主义扩张时期，创意城市政策的传播与形象和景观消费的转变相匹配，这标志着当前作为生产力的资本积累制度正在枯竭（Ross，2007；引自 Prince，2010：121）。

Cunningham（2009：376）研究了创意城市政策在世界各地不同的使用方式。他认为这种话语应该"被视为罗夏克式的情节，因不同的原因而投入，并产生不同的重点和结果"。批判地理学家指出，正如 Adorno 和 Horkheimer 在 1948 年所描述的那样，创意产业实际上是文化商品化的最新阶段（O'Connor，2009；Prince，2010）。新自由主义国家采用的创意城市及其相关概念为："通过特定的激励和约束，创造可以管理文化的市场,同时为资本主义剥削开辟新领域"(Prince,2010:120)。部分东亚国家的情况与此类似,如创意城市被新加坡等国家在意识形态上加以修饰或认可(Peck和Theodore,2010a:171)。这些是非常有意思的案例研究,因为在新加坡,由于不同经济政策与制度的共存,创意城市政策的处境有些为难。新加坡现在正将其创意城市模式"出售"到南美、迪拜和巴基斯坦(见"Kong,2012"关于新加坡的创意城市政策的讨论)。

Kong和O'Connor(2009)认为,东亚国家城市政策议程中关于文化和创意产业的想法大多来自欧洲和北美的政策环境。中国现有6个城市被列入联合国教科文组织的全球创意城市网络(Creative Cities Network):深圳、成都、上海、北京、杭州和哈尔滨,除此之外没有其他国家拥有如此众多国际知名的创意城市。中国的创意产业虽然直面"老工业"工厂和"中国制造"的标签,但正如O'Connor(2009:175)所说:

> 有关创意产业的争议是中国未来问题的一部分,也是过去一直以来存在的问题,它与西方的区别和相似之处是什么?这种过去对其未来发展轨迹有何影响?这种未来是一种资源还是一种负担?

2008年,中国第一个加入全球创意城市网络的城市是位于南部的深圳。时间和地理位置对深圳作为创意城市的发展具有重要意义。20世纪90年代初,创意设计师们进入深圳,当时深圳正因改革开放而经历着翻天覆地的变化。几十年前在深圳经济特区开展的改革开放政策,促进了深圳的快速发展,也推动了深圳创意产业的发展。创意产业赋予工业产品全新的形象,并将其推向了价值链前端。深圳现在是平面设计、时装和建筑设计、室内装潢、包装和工业设计的领先者。城市治理从"中国制造"向"中国创造"的转变,积极塑造了深圳的城市形态和发展模式。同时，深圳靠近与西方有较多联系的香港，这一地理位置无论是过去还是现在都非常重要。

2004年，华侨城房地产有限公司宣布，计划将20世纪90年代废弃的工厂建筑改造成一个新的现代艺术和文化中心，耗资超过3000万人民币（约合390万美元）（News Guangdong，2007；同见O'Connor和Liu，2014）。根据其首席执行官的说法，该计划在保留其原貌的同时，将其转变为一个类似于纽约苏荷的区域；他们派出专家参观加拿大温哥华的耶鲁镇，该区允许从事艺术活动的人独占建筑物（News Guangdong，2007）。他们在华侨城创意文化园复制了温哥华的耶鲁镇。2012年，都市实践研究所（Urbanus Research Bureau）在深圳举办了主题为"创意城市建设——深圳后工业发展"（Moving Cities，2012）的国际研讨会，其研究项目之一是"深圳创意城市"。他们的目的是分析世界各地倡导的创意园区模式，其中一部分是研究已经落户华侨城创意文化园的创意产业以及创意阶层的社会资本，包括他们的社交网络关系、需求、观念和看法。深圳市的目标是使文化创意产业成为与高科技、金融和物流产业并列的第四产业。正如Prince（2010：121）所说，创意产业政策的快速传播是许多政策制定者、活动家、理事会和政府官员、文化企业家、研究人员和学者将这一概念纳入其政治、文化、经济和社会课题的结果。

深圳在优先吸引创意阶层进入的过程中发生了社会重构，出现了白领技术人员的增加和蓝领工人的减少。这并非阶层的替换，而是阶层迁移，因为深圳工厂的工作岗位已经被转移到其他地方。另外，深圳也在调整户口准入政策，以及拆除那些位于城市中心区域，为大量中低收入群体提供住房的城中村。正如Booyens（2012）所说，创意城市政策是绅士化政策中的一种，因为创造性的城市更新加剧了现有的不平等现象，并使穷人被边缘化。他们将较低社会经济地位的居民和企业连根拔起，造成了社会极化。

小结

这些国家主导的全球城市项目验证了 Smith（2002：446）的观点，即城市更新过程"代表了绅士化的下一次浪潮，这一浪潮将以前所未有的规模进行规划和融资"。Betancur（2014：2）发现，拉丁美洲的绅士化并不是从当地的社会重构动态中产生的；相反，它由政府在国际机构的协助下发起，推动社会重构以创造新市场，同时提高南方城市的竞争力。他认为，殖民化和新殖民化已经将拉丁美洲塑造成一个受"华盛顿共识"授权约束的单一政体。在21世纪，各国政府发起了一场全球性的绅士化运动。然而，绅士化在不同地区演绎着截然不同的故事，例如，"华盛顿共识"对中国的影响较小，但绅士化的影响在各地都是一样的。Peck 和 Theodore（2010a：173）认为，即使是"相同的"政策，其效果也存在空间异质性，因为政策往往嵌入了当地的经济、社会和制度环境，并产生相互作用。但这并不代表绅士化政策的情况，该政策在各地都具有相同的核心效应，即富人的获利以及穷人/低收入人群的被迫迁移。

正如 Inzulza-Contardo（2012）所言，将城市更新视为绅士化过程非常重要，因为拉丁美洲和其他地方一样，官方政策中广泛采用诸如城市重建、城市更新或街区改善等术语，然而却没有提到绅士化。这在亚洲也是一个反复出现的情况，绅士化进程是真实存在的，然而在认识论上，它却从未出现在公共话语中（Ley 和 Teo，2014；Shin 和 Kim，2015）。这些计划和政策必须纳入"绅士化"的范畴，世界各国需要保护性立法，以缓解 Roy（2005）所描绘的这些蓝图所造成的"意外后果"，即绅士化会导致穷人的流离失所。当绅士化损害了社会弱势群体的利益，它怎么能成为一种好的模式或政策呢？

McCann（2004）认为，正如 Harvey（1989b：10）在其企业家型城市议题中提到的那样，政策的连续复制，或者"政策迁移"（Dolowitz 和 Marsh，2000），往往会导致市场竞争疲软和拥挤，从而造成大部分城市的损失。这一过程促成了一种"跑步机效应"，让每个城市都感受到外部竞争压力，因而不断升级政策、基础设施、娱乐设施等来避免竞争，并维持其在城市竞争层级中的地位（第1910页）。因此，我们期望世界各地的城市和政府能够尽快觉醒，认识到绅士化模式和政策（Smith 2002 年的绅士化全球扩散观点）的产出并非解决方案，而是长期问题。城市政策需要在全球层面负责（Massey，2004、2007、2011）。现在正是决策者和规划者们找寻绅士化替代方案的时候，这不仅需要真正的创造性思维，还需要有开拓创新的勇气，从而成为领导者而不是追随者。

6
贫民窟的绅士化

在21世纪，贫民窟很少被描绘成资本主义剥削的城市"叙事"（正如在1872年，恩格斯发表了《论住宅问题》，它们被看作是工业资产阶级对投机地主主义的一个解释）。相反，目前非政府组织或联合国等跨国机构，经常将其视为国家没有能力提供住房或国家缺乏土地规划能力的结果。特定地区的冲突会进一步加剧贫民窟的形成与发展，例如，南非后种族隔离时代的空间政治形势对穷人不利（Murray，2009）；在津巴布韦，国家故意取缔非正规住房，导致作为反对党大本营的城镇被集中拆除（Potts，2011）。事实上，根据联合国人居署报告，贫民窟人口在全国人口中所占比例最高的是从战争中挣脱的国家，这些国家几乎都在非洲（UN Habitat，2013：21-22）。对于北方国家的城市而言，关于贫民窟的理论探究几乎为零，尽管这些城市仍然存在贫民窟（Ascensao，2015）。本书给我们提供了一个平台来探究这个迫切需要讨论的议题。这一点尤其重要，因为2008年金融危机所造成的全球影响在一定程度上减弱了许多国家的福利，由此也降低了公共住房的供应量和速度，即使在西欧和北美的发达地区也是如此。

目前，越来越多的文献，无论是否是绅士化议题，已经把贫民窟改造重新带回了全球视野的讨论中（如 *Beyond the Return of the 'Slum'* 刊于 CITY，2011）。我们相信，将绅士化这一议题引入世界各地的贫民窟之中，对于扩展北方世界的绅士化理论和促进当地贫民窟改造都是有益的。在这里，我们关注这些空间在过去是如何被（正确或不正确地）描述的。资本（再）投资对贫民窟的影响正在日益加深，这种情况也意味着南方世界的贫民窟，再也不能从概念上排除在绅士化议题的讨论之外。

Mike Davis（2006a）认为贫民窟是世界各地城市化的主导力量之一，并将其描述为一种在存在环境风险的土地上具有低服务性、异质性和集中性的空间表现形式，包含着"过剩的人类"。传统观点认为，现在世界上大约有10亿人居住在贫民窟。在非洲、拉丁美洲、南亚和阿拉伯地区等正在城市化的国家，霸权主义贫民窟的故事仍然在持续上演。当前，在南非德班，23%的城市人口（80万居民）仍然居住在棚户区，100万人正生活在被持续驱逐威胁的阴影之下；在巴基斯坦卡拉奇，有一半人口（500万居民）居住在非正规居住区；在土耳其伊斯坦布尔，80%的住房存量（180万居民）被评估为"非正规"住房；在阿根廷布宜诺斯艾利斯，有12万人住在非正规居住区；33%的摩洛哥城市人口生活在非正规居住区，摩洛哥从20世纪90年代早期就开始实施大规模消除贫民窟政策，直到近年来，这些非正规居住区才获得当局认可（Bogaert，2013）。贫民窟对世界各国政府来说都是一个严峻而重要的社会问题，不断贬值的贫民窟为以绅士化形式进行的大规模资本投机提供了潜在可能。

根据联合国开发计划署（UNDP）《2014年人类发展报告》中基于收入的贫困衡量标准，世界上有12亿人每天的生活费不超过1.25美元，同时居住在91个发展中国家的1.5亿人仍然生活在贫困之中。然而，实际情况可能更加严峻。由于战争、危机等原因，近8亿人面临着重新陷入贫困的风险。这种悲惨的现实将过去未被解决的住房问题研究重新唤起。世界上一半以上的人居住在城市，宏观经济变化、贫困、城市集中性和城市再开发的契机等问题相互交织，需要共同解决。事实上，即使是美国和欧洲的富裕城市，也并没有完全消除贫民窟社区（Samara等，2013）。因此，在全球范围内对贫民窟进行比较研究是非常有必要的。2006年，洛杉矶大都市区有发达国家中最大的贫民窟，该贫民窟中有10万人聚集在帐篷里（Davis，2006b）。Ascensao（2015）分析和探讨了一些非正规和非法贫民窟的案例，它们在 20 世纪 80 年代期间分布在葡萄牙里斯本中部地区。这些"飞地"在当时是被国家政府默许的，然而，最近这些"贫民窟"已经成为"绅士化"的目标，政府正通过以现代化为"托词"的政策，驱逐人口，拆除贫民窟。

全球非正规住区再开发的阶层效应有一个整体的政治经济尺度，正如 Desai 和 Loftus（2013：790）关于孟买的论述：

> 在通过非政府组织、发展机构和政府来对贫民区基础设施投资，从而改善居住权保障的时候，（非正规住区或贫民窟中的）投机行为会因为表面上的慈善行为而得到重视。这类投资将会陷入一种危险的渠道，它可以使一个新兴的（尽管仍然是模糊的）地主阶层将资本从初级循环转换到次级循环当中。

我们在第 3 章中讨论过全球范围内的资本投机性转换，这也是一个案例。Desai 和 Loftus（2013）注意到，土地所有者和土地 / 地产租赁者从贫民窟的不安全感中获利的能力增强。正如西方国家使用混合社区政策来改造贫民窟的公共住房环境一样（Bridge、Butler 和 Lees，2011；另见第 5 章），南方世界国家贫民窟的基础设施项目或升级改造政策，也依赖于涓滴效应的"错误假设"，以及正外部性在当地居民中的再分配。就像在北方世界一样，从孟买到里约热内卢，这些政策正在暗中实施"绅士化"。这通常与世界上各城市无差别的发展战略及其相关政策有关（这些也曾在第 5 章中讨论过），并且会导致居民置换和土地剥夺（见 Goldman，2011：59，关于印度南部城市班加罗尔转型为"世界城市的噩梦"的论述）。综上所述，我们在这里的主要研究问题是："绅士化"能否提供一个新的视角，来理解世界各地正在发生的贫民窟改造和再开发的本质？在贫民窟地区施加的新变革过程或权力，是否可以被视为绅士化,或者更确切地说,是贫民窟升级改造的不同形式?这种绅士化过程中的关键作用要素是什么?它是如何扩散和蔓延的?在诸如孟买或贝鲁特这样的地方,当提到贫民窟、驱逐和基础设施建设等传统议题时,房地产投机的意义是什么?也许更重要的是,我们是否能从世界各地的贫民窟中学习到抵御绅士化的新知识?

当代贫民窟冲突背景下的绅士化争论

"贫民窟"这个词是个多义词,在一些地方是不存在的。当将它作为单独的分析类别使用时,可能有一些障碍。在官方语言非英语的南方世界国家,这个词并不为人所知。"贫民窟",或由此被翻译来的其他用语,通常会被认为是一个负面词而很少被使用。许多人更喜欢用邻里、村庄、居住地或社区等词代替(Cabannes 等,2010:15)。此外,通过使用"未经许可的聚居区"来代替贫民窟(Lemanski 和 Lama-Rewal,2013),人们可以看到世界上许多城市空间中存在着更丰富、更复杂的社会分层过程。贫民窟作为一个概念的使用,可能会产生一定的误导,并且在认识论上也存在问题,因为它只能对被污名化的城市地区进行模糊描述。事实上,"贫民窟"这个词经常被用来为那些以市场为导向的低收入地区再开发行为提供辩护和措辞。但是一些学者,例如 Arabindoo(2011)则认为,如果"贫民窟"能够帮助我们更好地理解城市空间在新自由主义下的社会生产机理,那么这个术语的使用在本质上并不是消极的。我们在这一章中使用了"贫民窟"一词,但双引号表明了我们对这个词的担忧。同时,只要有可能,我们也推荐其他的术语来描述这种空间形态，如 favela, barriadas, poblaciones callampas, bidonvilles, clandestinos, villas miseria, gecekondu, katchi abadis, panjachon, umjondolo, pirate subdivisions, unauthorized colonies 等（参见 UN Habitat, 2003: 9–10, 关于世界各地贫民窟的各种表达方式）。

显然，我们需要一个多维的定义来诠释"贫民窟"，但是，有效的定义都遵循于其最基本的特征：过度拥挤、破败或非正规的住房，安全的饮用水与卫生设施不足，以及土地使用权的不稳定性（Davis, 2006b）。有时"贫民窟"一词可能适用于某个地域单元，但对于其他地区却不一定适用。在20世纪70～80年代的智利，大多数居住在贫民区（poblaciones, 智利贫民窟的说法）中的居民虽然拥有了正式的土地使用权、安全的饮用水和卫生设施，但他们仍面临着一些严峻的问题，比如过度拥挤和非正规的（通常是危险的）建成环境（López-Morales 和 Ocaranza, 2012）。因此，这些飞地式的区域仍然作为未被规划的内城区域而存在，并受到快速城市扩张及私人住房改造的影响。同样的事情也发生在布宜诺斯艾利斯的城郊村（villas）（Herzer, 2008）以及利马的贫民窟（barriadas）。但是在伊斯坦布尔的非正规住宅区（gecekondus）或开罗周边的棚户区，却又呈现出另一番景象（Elshahed, 2015），那里的外围沙漠地区，作为贫困居民的传统居住场所正进行着拆旧建新工程。

无论从历史、规模、尺度还是地点来看，不同例子都各有千秋。卡拉奇有超过120年且规模巨大的贫民窟；阿根廷的布宜诺斯艾利斯也可以找到超过70年的大型贫民窟。最近在圣多明各和喀布尔也出现了一些规模较大的贫民窟。有的贫民窟占据了大量城市外围、缺乏公共设施的地区，有的则位于城市中心地带，或者至少占据中央商务区扩张区域（如孟买）或高收入住宅区（如圣保罗）的重要部分（Burdett 和 Sudjic，2011）。如果贫民窟最初的外围性质被城市扩张所掩盖，那么它们就可能会占据中心位置。一些贫民窟面临着政府主导的驱逐，或者经常受到警察或黑社会的骚扰和威胁。然而，一些地方的贫民窟居民可能拥有土地所有权，拆迁置换的形式更为微妙，不像智利圣地亚哥那样明显，在那里，土地经济学和房地产市场在开发商为其项目获取土地的过程中扮演着重要角色；也不像孟买那样，一些定居者自己变成了房地产投机者，在很多方面扮演着绅士化群体的角色。

正如 Samara 等（2013）所主张的那样，新自由主义居民群体之间的社会空间分化，导致这些群体对彼此、对城市其他地方越来越陌生：

（现今的）不同之处在于，城市中边缘化群体的规模以及他们被隔离的程度，都是难以被忽视的，不管富裕群体在他们自己和其他人之间设置了多少安全设施与距离（强调了城市各阶层隔离存在的必然性）。从针对日常生活调和与分歧的相关政策与治理模式来说，分化城市的不同现实特质激化了本土政治与文化（强调了城市分化的后果，是由不同的"现实"所激化的）。因此，其后果在不同类型的快速更新城市中差别显著，例如，上海是其中的一个极端，而另外一个极端是卢安达和马那瓜。后两者的特征是本土精英势力太弱小，转型面过于狭窄，只能在对立领域中维持为有联系的飞地。（用两种案例举例说明上述"不同现实特质所激化的本土政治与文化"）（Samara 等，2013：7）

城市分化已存在了数个世纪，但这种分异并不是"自然而然"的。不过与几十年前相比，一些新的东西也会油然而生：住宅拆除的威胁已经席卷了更多领域，还有更加猖獗的形式对居民进行经济压迫，以及更强的政治暴力等（第7章）。此外，在那些未被规划的城市进行商品化和金融化的过程中，置换动迁也发挥着重要作用（Desai 和 Loftus，2013）；这不仅反映了强势的新自由主义逻辑，也反映了构成新自由主义全球化核心部分和非核心部分之间的相互作用。最后，更富裕的利益集团试图创造和隔离他们的全球化飞地，从而尽可能免受周围混乱的影响（Alvarez-Rivadulla，2007）。

在一个新自由主义化的世界里，那些最近由市场主导而快速发展的国家，通常基尼系数更高。"分化城市"（divided city）的概念，作为显著的城市形态出现在这些国家和许多其他地区。此外，在施政者、规划师、官员和学者中非常流行的"包容性城市"这一无形愿景，却往往会产生非包容的效果，即加深社会和空间分异（Bridge、Butler 和 Lees，2011）。但是，正式与非正式居住区的鸿沟本质上是可以感知到的，尽管这是忽视、改造和操纵这两类城市区域的有力托词，而这两个部分在经济、社会、文化和政治上都是联系在一起的（Bogaert，2013）。

"创造"分化城市是通过多种方式实现的，但在南方国家，它往往包括置换动迁、强制拆除和政府的强力作用，与商品化和金融化的土地以及住房市场的引入或强化，有着很紧密的关系。国家政府、私人保安的代理人，或者更多的隐形角色，在这里起着关键的作用，他们是那些与财富及阶层利益有着特殊关系团体的代理人（Samara 等，2013）。有时，贫民窟的绅士化只意味着拆除贫民窟，而有时，它意味着更富有的居民迁入了贫民窟并将其绅士化，就像我们接下来分析的孟买案例一样。总而言之，贫民窟的绅士化是南方世界城市化进程的重要组成部分，它正在逐步升级，并且在伦敦等北方城市也很明显（Lees，2012）。

孟买贫民窟或亚洲最大贫民窟的绅士化

孟买、德里和班加罗尔是当前印度最具活力的城市,经济增长较快,同时也面临着城市土地和住房的首次私有化。孟买是印度的IT和金融中心,大约有1900万人口,但65%的居民受雇于非正规部门。印度的贫民窟有两种类型:一种是有授权的,由地方政府提供基本服务;另一种是未经授权的,约占总数的60%,市政当局没有义务为其提供服务,它们经常面临拆迁的压力。在第二类贫民窟中,人口密度可以达到每公顷820人(Burdett和Sudjic,2011)。根据Harris(2012)的说法,孟买正以一种前所未有的方式迅速变化,尽管孟买的在建和重建进程已是一个全球关注的政治议题,但这个城市已经成为一个"典型的"新世纪城市。在过去十年里,孟买在大众化和学术的英语世界中已站在了时尚前沿,但是将孟买列入全球城市行列的想法似乎并不符合其现状,因为其目前拥有2000个贫民窟和200个即将被驱逐的非正规地区(Arabindoo,2011)。由此可见,想象中的孟买和真实的孟买之间仍然存在差异(Harris,2012)。

达拉维是众所周知的"亚洲最大贫民窟"。它占地212公顷,汇集了小型企业、制造车间/血汗工厂、学校和教堂,同时交错着数十万中低层住宅楼。不同种姓、语言和种族的人都混杂在一起,这样糟糕复杂的环境让那些本地与国际的城市规划师们望而却步,他们都不愿为这里进行升级规划(D'Monte,2011)。印度的贫民窟并不是不受管制的城市体系,而是缺乏管制。这里建设与提供服务并存,意味着居民必须去与主流法律框架和机构权力进行谈判。居民花钱用于改善他们的住所和社区，同时他们利用政治约定以及与当地官员的协商，来获得非正规或正规的服务以及临时的土地占有权，即使后者从未得到过完全的保证。一方面，政治家和某些当局成员为了得到选票支持，鼓励居民继续在贫民窟居住；另一方面，他们又为了发展侵占贫民窟土地（Doshi，2015）。

尽管孟买未经授权的贫民窟存在各种问题，如缺乏供电、缺少供水及污水排放设施，但2011年棚屋的售价高达38000美元到50万美元之间（Lees，2014a），这充分证实了它们是充满活力的新兴土地市场。但是，谁是对当前贫民窟进行强迫再开发的始作俑者呢？他们怎样将权力付诸实践？真的如Harris（2008）所说的那样，孟买这种城市再发展驱动的绅士化是创建和促进南亚新自由化的关键点吗？

Doshi（2015）讲述了新的国家形态如何巩固中产阶层的权力，以及精英和中产阶层在城市运作中的参与，如何给城市注入新的管理机制和"圈地逻辑"。目前，由置换动迁催生的项目并没有为特定群体带来直接收益，而是支持一种精英偏见的世界级城市美学。与此同时，由地方选举产生的市政当局的权力——也就是工人阶级用来满足他们需求的权力，正在下降。一种绅士化（有人称为右翼）的治理方式已经出现，其在印度各个城市和城市内部各不相同。这包括新的法律机制，开发商、企业/金融精英和中产阶层居住群体进入政府机构的捷径，以及高度集权的官僚城市开发机构。在这种治理方式中，绝大多数诉讼都是由中产阶级居民协会发起的。

这种形式的治理不仅与政治有关，还与阶层冲突密切相关。中产阶层积极分子要求建立一个"绿色、无贫民窟"的城市。与此同时，拆除重建项目的治理体系通过界定市政公司的角色，从而绕过城市贫民所造成的政治障碍。孟买庞大的达拉维贫民区被指定为首要的"集中拆除重建"区域,在目前备受争议的私人建筑师兼开发商 Mukesh Mehta 的支持下,沦为一个完全独立的治理结构。Mukesh Mehta 是在孟买出生的纽约市长岛居民,很快就成为州政府的主要顾问。他主导的大工程——"愿景孟买"于 2003 年提出,作为一个大型政策工具来支撑被高度期望的城市变化(Doshi, 2013、2015)。如同在北方世界国家一样(如混合社区政策,见第 5 章),其目的是使来自不同社会阶层的人聚集在一起,正好映射出 Mehta 称为"逆绅士化"的一种形式。他的计划还要求政府邀请房地产商来拆除贫民窟,以更高的密度重新开发土地,并假设孟买高昂的房地产市场价格可以为原来的贫民窟居民提供补贴,让他们住进新的中高层公寓(Harris, 2008)。然而,这个假设即使在北方城市(Lees, 2014a)也没有实际发生,正如我们接下来所看到的。

那些由贫民窟开发而来的新兴土地市场,产生于多层级且相互关联的社会政治进程。20 世纪 90 年代出现的贫民窟政策(Mehta 在某种程度上将其转变为一种绅士化目标),并不像以福利为导向的干预措施那样简单,而是"再开发城市中的土地市场和城市公民社会生产中的一种核心技术"(Doshi, 2013:848)。在过去的 15 年里,孟买在区域尺度上进行了大规模的城市再造运动,此类再造运动如今仍在进行,例如我们在前一章中提到的巴西里约热内卢的例子,本章还会继续探讨。20 世纪 90 年代的"贫民窟改造计划"(SRS)旨在消除贫民窟,并大规模推进房地产和基础设施的再开发。它为清理贫民窟和激励杠杆市场提供了便利,其目的在于服务精英阶层和中产阶层(这类人群拒绝花费公共资金来安置穷人,但又愿意接受将公共住房提供给"合法穷人"),为国家提供地税收入,美化上层阶层,并为开发商创造利润。

SRS 政策通过一种基于"可转让发展权"的交叉补贴模式,

为被置换的贫民窟居民提供"补偿安置住房",同时赋予他们在其他地方建造更高建筑的权利(Doshi,2013)。公私合作拆除与重建亚洲最大贫民区的计划——达拉维再开发项目(DRP),由 Mukesh Mehta 设计和发起,是一个高收入的开发项目,包括豪华住宅、写字楼,甚至高尔夫球场。2004 年,该项目得到了国家政府的支持,旨在将孟买改造成为一个"没有贫民窟的城市";但直到 2012 年,由于官僚主义的原因和居民的抵抗(一个街区在拆除前必须征得 70% 居民的同意),该项目还尚未动工。按照 Mehta 的设想,被认为具有"改造资格"的贫民窟居民将免费获得中高层安置住房中的单间房,以补偿原来的住房,但他们需要缴纳税费和维修费;而对于私人开发商来说,他们可以获得土地作为建造安置住房与基础设施的补偿。尽管从 1997 年起,Mehta 花费了大量时间在这个项目上以建立政治共识,并得到右翼政府支持(Ren 和 Weinstein,2013),但到目前为止,该项目还没有付诸实施。

后一种情况显示了私人利益在地方层面的影响力,在地方层面,一些不合理的计划可以用来填补权力真空。在孟买,非正规性和模糊性是治理城市的一种制度体系,这为国家提供了一定的权力和灵活性,来为城市贫民争取实际产权及补偿,同时也促进了贫民窟清理工作,以便吸引金融部门来发展项目。贫民窟的土地投机行为并不是什么新鲜事,但它仍然是一种未得到充分研究的非正规转租和投机地主主义现象。贫民窟基础设施的改善导致最贫穷的租户被迫动迁,这些租户被一些较富裕的中下阶层居民所取代,他们通过更高的租金,甚至购买住房来改善居住条件;这就是 Doshi(2015)所称的"边缘绅士化"(marginal gentrification),并且与 Damaris Rose 对 20 世纪 80 年代蒙特利尔低收入绅士化阶层的论述有关(Rose,1984;Lees、Slater 和 Wyly,2010)。Doshi(2013)还讨论了从 20 世纪 90 年代起，数以千计的家庭和整个街区是如何被认为是"非法的"，从而被排除在安置方案之外的（类似情况见 Ascensao，2015，关于葡萄牙里斯本的案例）。此外，民族主义政党政治渗透到再开发实践中，国家机构开始偏向性地把目标对准少数民族宗教社区，将它们列为首要的拆迁目标，使得当地居民不得不面对置换动迁的窘迫事实。我们相信达拉维绅士化的另一种标签可以是"差异化置换的积累"（Doshi，2013），一种不仅是由阶层主导，还是由种族主导、性别主导的少数群体置换动迁形式；这是在孟买和其他非正式城市世界中，再生产城市空间的极端极化权力关系的结果。

中国内地的棚户区改造和绅士化

中国内地的快速城市化进程，并没有导致大规模棚户区的出现，而在其他南方国家中这类居住区较为常见。其中一个原因主要是户籍政策，这种政策将个人福利与户籍绑定起来，当移民离开家乡后，他们不能从目的地得到足够福利，因此可以控制人口流动；而另一原因是土地的国家所有制，城市土地是利润丰厚的资源。在中国内地有两种情况：(1) 传统内城邻里的破败；(2) 城中村的产生（农村地区由于城市扩张产生了一种非正规地主主义，结果是以"棚户区"的生活条件为代价，为外来移民提供廉价住房）。后面一种情况将在第 7 章中讨论，本节重点讨论传统内城邻里。

在一些历史悠久的传统市中心邻里，生活条件非常恶劣，如过度拥挤，缺乏家庭厕所和浴室等基本设施。这种破败可以归因于计划经济时代的历史遗留问题。这种居住区中，许多住房是由当地房管部门所有和管理，这是1949年后计划经济的结果；而另一个主要原因是在中华人民共和国成立早期，为了节省国家开支，政府会对各种住房空间进行细分和缩减，从而容纳尽可能多的家庭（Zhang，1997）。由于缺乏政府资金，这些公共住房即便维持着基本的养护，也最终逃不过走向破败的命运，这使得它们在住房改革期间免于私有化，并从20世纪90年代开始成为地方政府拆除重建的首要目标。由于国家渴望让北京、上海等城市具有世界城市的风范，城市大规模拆除重建进程进一步加快，在中国加入世界贸易组织，以及成功申办北京奥运会和上海世博会等大型活动后尤其明显（Broudehoux，2007；Wu，2000、2002；Shin，2009b、2012）。许多居民被安置到郊区的新建住宅楼（特别是在20世纪90年代），或者通过货币补偿置换动迁，当时政府更倾向于货币补偿而不是提供住房补偿，尤其是在1998年之后。

例如，2000年以来，北京经历了快速的城市再开发进程，以响应在2050年以前将北京打造成"世界城市"这一国家目标。这是一个有趣的案例，原因有很多。首先，以房地产开发为导向的城市再开发中，地方政府在一系列市政机构的帮助下，迁移那些低收入"租户"（Shin，2009b）。其次，城市再开发一直是由政府计划所引导的，房地产资本能否为财政收入带来贡献是计划的一项考虑因素。在这里，房地产资本来自于国内和海外，也包括国营与私营的投资。因此，大量的历史传统建筑和建筑遗迹被拆除，为新的高楼大厦让路，当地传统的生活方式也被抹去。第三，低矮的住宅，衰败的工人村、工厂和仓库，所有这些计划经济时期的建筑都较为破旧，不利于维护，其风貌也有损全球城市的形象，全球城市的建筑风格应该符合现代化和中产阶层的需求。虽然大多数市中心的街区已经成为大规模拆除重建的对象,但部分被认为具有历史价值的传统邻里,则会有很大可能以遗迹保护的形式经历绅士化(第 5 章)。

从奥林匹克效应到"贫民窟时尚":里约热内卢

从 20 世纪 90 年代起,巴西政府一直遵循一种制度化的方法来消除贫民窟,这种方法与之前的两个案例有一些相似之处。一方面,一些政策通过警察"平定"贫民窟来实现土地的正规化,而这些贫民窟人口中的最低阶层,面临着流离失所的压力,因为他们几乎没有资格获得安置;另一方面,就像追求实现全球城市的北京和中国内地其他城市那样,按照政府资助的政策,在城市郊区以外的地区重新安置棚户区的居民。在巴西大城市的外环区域,贫民窟(在巴西又被称为 favelas)是非常常见的,但里约热内卢却是个特例,它的贫民窟就位于市中心并且非常显眼,因此,里约热内卢是目前世界上国家主导型贫民窟绅士化最明显的例子之一。

自 20 世纪以来,由于大量新城市化地方移民的涌入,巴西城市呈现出非正规居住区爆发式增长的特点。在 20 世纪 70~80 年代,巴西经济进入了去工业化阶段,但贫民窟仍保留在里约热内卢的山坡上,这形成了一种垂直的隔离:在最富裕的居民区和商业服务区旁边,贫穷的人们挤在贫民窟中。正如 Queiroz Ribeiro(2013)所言,自 20 世纪 90 年代初以来,整个里约热内卢的城市体系已经遵从于国家主导的、以服务业为导向的经济重塑过程,以扭转后工业化城市经济的衰退。在 20 世纪 90 年代,巴西里约热内卢在当时被认为是最危险的贫民窟，开始了大规模的住房正规化和社会规范化。Queiroz Ribeiro 和 dos Santos Junior（2007）研究了里约热内卢先前社会和生产结构的崩溃机制，它支持社会再生产，并改变了穷人和城市社会其他阶层之间的关系。与这种重新配置并行的是，他们与劳动力市场的联系弱化，他们的空间和社会分割日益扩大，特别是那些低技能工人。除了经济层面之外，巴西城市中的贫民越来越受到孤立，因为他们得到的城市服务在减少，并且占用的城市基础设施和公共就业空间也在缩小，这导致城市贫民被排斥和污名化。但 2000 年后的新背景带来了国家主导的警察"安抚"以及国家支持、阶层主导的物质和象征性的占领，或者对传统地区文化资本的吸收（可能两者兼有），在传统地区，财产和劳资关系的非正规性已经陷入危机，伴随而来的是国家试图渗透并以某种方式驯化城市贫困和非正规空间。

整个城市拆除重建过程造成了大规模的贫困人口置换动迁（Dos Santos Junior 和 Dos Santos，2014）。关于贫民窟，房地产市场压力和置换动迁的案例各不相同，在许多其他案例中，至少可以归类出三个典型案例。第一，重建里约热内卢东部的 2016 年奥林匹克区这一综合计划，产生了爆炸性和高度中介化的置换动迁现象；第二，对 Zona Portuária（旧港区）进行全面重建，并对其中的三个贫民窟进行干预；第三，以文化为导向的 Rocinha 和 Vidigal 贫民窟零星重建，目前因举办有趣的文化项目，以及被城市军事警察"平息"而臭名昭著（Cummings，2015）。

根据 Vainer 等人（2013）的研究，当里约热内卢赢得 2016 年奥运会举办权时，将里约热内卢链接到一个新的权力联盟和一个"新城"项目上的进程达到高潮，这个进程 20 年前就开始了。2007 年泛美运动会、2013 年联合会杯、2014 年世界杯和 2016 年奥运会，提供了大量且集中的公共投资，实施的项目重新配置了广阔的城市空间,并从此影响了整个城市地区。快速公交系统增加了往返巴拉达蒂茹卡(Barrada Tijuca)地区的交通和业务,并且随着里约热内卢东部地区土地价格从2009年到2013年平均增长了190%,2万户家庭被迫搬离(Vainer等,2013)。一家私营公司目前正在建设奥林匹克公园运营所需的新基础设施和服务系统,作为交换,在奥运会之后,该公司有权对奥运公园总面积的75%进行商业开发。

从2007年起,在奥运区旁边的Autódromo贫民窟中生活的居民,开始受到拆迁威胁,原因诸如:他们产生"景观污染";他们对泛美村运动员的安全构成威胁;他们是贫民窟和奥林匹克地区相邻池塘严重污染的受害者;他们与修建的奥林匹克公园不相容;他们占据了修建高速公路所需的空间等。这个贫民窟在20世纪60年代后期形成,一群渔民在Jacarepagua池塘边上建造了临时住所,并一直留存下来。在实际上被国家抛弃的情况下,他们通过自筹资金,对贫民窟进行改善并提供服务。目前,Autódromo拥有大约450个家庭,相较于其他贫民窟,其拥有质量较好的砖房,并配备用水、卫生设施和能源供应。88%的儿童和青年在附近地区学习,65%的工人在邻近地区就业。大多数居民都是房主,只有10.5%的居民需要支付租金(Vainer等,2013)。奥运区的工程建设始于2013年,随之而来的是社区原有房屋和公共空间被强力清理。与巴西其他城市一样,政府资助的住房项目为那些被迫置换动迁的人提供了一个快捷的解决方案,如果他们接受搬迁到远离大都市就业中心的边缘地区。据Vainer等人(2013)研究,国家重新安置计划使得Autódromo地区加速出现前所未有的大规模搬迁。

截止到2000年末,里约热内卢山坡上的贫民窟仍然是由毒枭控制的禁区。2011年,警方从贩毒团伙手中夺取了数十个贫民窟的控制权。里约贫民窟的"和平计划"是保证城市在 2014 年世界杯和 2016 年奥运会期间安全运行战略的组成部分。Zona Portuária（图 6.1）是一个三区交界的地区，正在进行由国家力量主导的大规模"振兴"与"和平"计划，该计划被命名为 Porto Maravilha。其展示了警察部门如何永久进驻到这些贫民窟（像这座城市的其他地方一样），打击贩毒网络，进而加强安全。与此同时，国家政府的经济加速增长计划则包含对一些重要交通设施的投资，如贫民区与城市中心区域的连线，以及对新的住房、社会服务和开放空间的投资。在整个大都市地区，2010 年启动的 Morar Carioca 计划与 Minha Casa Minha Vida 计划同时推进，两者总金额高达 39 亿美元，旨在重新规划、安置或处理大约 1000 个非正规定居点，上述计划在拆迁安置中发挥了积极作用（Cummings，2013）。对 Zona Portuária 地区和里约热内卢其他的贫民窟以阶层为导向的象征性拨款，为这些地区带来了城市化发展前景，引来了土地投机、新移民和高收入居民，还导致了这些地区绅士化的社会经济排他性。

SecoviRio 是里约热内卢房地产行业的权威组织，据他们估算，在（2011 年）警察"拿下"前三个贫民窟后的 72 小时内，这些地方的房价上涨了 50%，并且在我们撰写本书时（2015 年）仍然在增加。Dona Marta 贫民窟是第一个被改造的地方。2010 年，两位荷兰街头艺术家对一些房屋外墙进行艺术创作和涂鸦，这些图案就成了 Dona Marta 贫民窟的象征。不久之后，在 Vidigal 贫民窟建成了一个拥有屋顶游泳池的豪华精品酒店，与此同时，巴西的中产阶层和外国游客从这些以前被禁止的街区里，抢购拥有 Copacabana 和 Ipanema 海滨美景的房产。在这个房地产价格位居美洲最高之列的城市中，这些房产被视为廉价商品（Lees，2014a）。一种"贫民窟的时髦"现象也出现了，即通过与电影、桑巴和里约本地放克（funk

图 6.1 2014 年里约热内卢绅士化的港口区（欧内斯托·洛佩兹·莫拉莱斯 摄）

carioca）音乐风格的联系，将贫民窟文化提升到全球文化消费圈（Cummings，2015）。"贫民窟的时髦"这一名称也被用于英国伦敦的一系列高消费俱乐部之中。

直到最近，在巴西还没有关于绅士化的适当讨论，因为在描述阶层主导的城市空间冲突过程时，这个词经常被认为没有什么关联性。然而，正如最近的证据所显示的那样，这种情况已经发生了迅速的变化：巴西最大的这些内城区域，特别是在里约热内卢，正通过城市再开发经济政策进行转型升级，这些政策与大型国际性活动的举办密切相关。

从墨西哥到南非：非正规地区的绅士化

目前为止，我们研究了强大的新兴国家经济中政府主导的贫民窟绅士化政策，这些政策正在改变全球大城市的非正式或历史特质。我们没有解决的是，在没有综合的城市重塑计划情况下,当空间有限、历史悠久的低收入飞地对政府企业化再开发构成了障碍时发生了什么。这正是后面的墨西哥城、智利圣地亚哥和南非开普敦的案例所阐明的。墨西哥城提供了一个特别有趣的案例,即在低收入、相对非正规的圣达菲(Santa Fe)地区中冲突的扩大。根据 Pradilla(2008)的说法,墨西哥城圣达菲地区的再开发,很大程度上依赖于城市对新交通设施的巨大投资。这可以被看作是一个很好的例子,即 Rerat 和 Lees(2011)所称的"空间资本"与绅士化的关系(第3章)。一个"新城市结构逻辑"尤其集中地出现在被运输通道所覆盖和渗透的大片地区,而这些运输通道的出现,最终导致低收入租户和小土地所有者离开这些已经正规化、但服务业高度匮乏的地区,而他们在这里已经生活了超过30年。根据 Delgadillo(即将出版)的研究,地方政府和联邦政府已经开始驱逐那些自1984年以来合法、正规途径占据部分这片土地的居民。当时国家政府把这些公共土地划拨给了当地的垃圾清理者。然后在20世纪90年代,一些商业和国内外企业出现在该地区附近。但在1994年前,其中的 Tlayacapa 地区就开始受到拆迁和驱逐的威胁。当时整个片区9.5公顷范围内有大约510栋房子,住着3200位居民,拥有一座教堂、一所学校和一个小市场。联邦特区政府(大都会级别)关闭了垃圾场,清理了这个地方,并为大型房地产项目配置了城市服务。尽管原来的居民合法地占据部分土地,但这些垃圾清理者最终还是成为被快速驱逐的目标。

每个家庭可以获得相当于1万美元的补偿,同时垃圾清理者在城市东部边缘的垃圾场可获得替代的住房和工作。但他们拒绝了这个提议,并最终在1994年被驱逐。市政府为这一行动辩护,理由是1984年的总统令从未实施,国家主导的土地转让从未得到妥善履行。因此,1998年,这片土地从城市政府"剥离"

给了一家上市公司，1999 年又被卖给了一所私立大学。1998 年 12 月和 2001 年 7 月，又发生了另外两起驱逐事件，目的是拆除通往这片土地的主要通道，并新建一所私立大学（Delgadillo，即将发表）。目前，圣达菲地区是金融和教育服务的集聚中心，也是墨西哥城"第三走廊"的新中心（Pradilla，2008）。

与墨西哥城不同的是，开普敦居民社区的阶层结构变化，与其说是由国家主导的交通和城市升级政策造成的，不如说是种族隔离结束后这个国家所经历的社会变化的影响，以及当前国家经济转型中，葡萄酒生产/服务经济部门在国民生产总值中所占份额越来越大的现实状况所导致。邻里关系的变化与房地产企业购买政府补贴住房有关，这些住房最初是针对低收入人群，但现在企业和富裕家庭希望将这些房产转给自己的员工。Lemansk（2014）将这些转售视为一种"混合绅士化"的形式，因为新居民并不是真正的高收入群体，他们的社会地位只比原先的住户稍微高一点。但由于需求增长，房价已经上涨了。排他性迁移不仅是国家住房补贴计划的最初受益者被收入略高的雇员业主所取代，在未来，低收入居民也将被排除在这个蓬勃发展的住宅市场之外。这一过程与现有的"向下突袭"（南非的传统进程，意味着稍微富裕的家庭会占领土地和财产）和绅士化有相似之处。正如 Lemanski（2014）所说，84% 的非原始房主通过雇主获得了房产，只有少数人（16%）通过银行贷款购买房子。有时，为新居民（主要是葡萄酒行业的雇员）重建的房屋比以前建造的政府补贴住房要大。许多制造企业遵循了这样的空间重构逻辑，以改善其劳动力的居住区位。此外，富裕家庭还为他们的佣人和园丁寻找住处，这也导致了房价大幅上涨。

在某种程度上，非居民住房购买者所扮演的主要角色，证实了绅士化是"使用者"与不同经济力量之间的冲突，而不一定是居民。但以前，获得国家福利的居民大多是没有就业、就业不足或非正规就业的，而新的居民则拥有正式、长期的工作，两者在金融安全、就业期限和住房升级方面存在巨大差异。虽然房屋受益人可以选择不卖房，但与获得补贴资格所需的低收入相比，拥有住房的高成本限制了这种"选择"。"一生只有一次"的补贴，意味着卖房者将被永久排除在这一国家福利之外，而且可能终身不能拥有房产。由此产生的排斥远比仅仅被排除在该地区之外更为持久。

居住的权利：被驱逐者与定居者的叛乱

正如我们迄今为止所看到的，一方面，城市新自由主义是地方政府的强烈追求，但另一方面，它也会受到挑战，挑战来自那些日益有组织和授权的地方激进主义等城市社会形态，这种形式的地方激进主义主张更广泛和具体的城市权利。成功进行抵抗的社区，能够理解和处理与绅士化相关的结构性因素变化，如生活质量的损失、对置换动迁的压力或直接威胁、地租的非均衡积累、经济和文化遗产作为建成环境改变的损失、大型工程建设造成的负面环境影响，以及这些影响所产生的更高层次的置换问题。尽管有些人担心"城市权利"是西欧的思想（Lees，2014a），但诸如拉丁美洲的社会运动，会将它与"绅士化"一起使用，来为其主张而斗争（Lopez-Morales，2013c）。如果我们将"绅士化"的概念定义为在建成环境中进行资本再投资，并伴随现有用户搬迁置换，那么城市权利的主要原则，即强调从政府和资本中收回生产空间的权力，可能仍然有效（Lees，2014a；Samara 等，2013；Shin，2013）。但是，如何实现这些原则，以及城市的权利在城市战略中如何实施，仍然面临着各种问题。

在任何场合下，冲突和抵抗都需要被语境化，在其时间和空间维度上都应批判性地理解，还需要按照主张权利的方式来进行历史化。抵抗可以以多种形式表现出来，从高度组织化和有效的行动主义，到无声的适应和"原地不动"的挣扎。例如，"城市权利"不仅应该被看作是解决冲突的方法，还应该是反叛者或冲突规划的替代方法，这种方法从冲突的角度看待这座城市，因而提供了丰富的知识体系，可以为新型的政治干预方式提供信息和支持。如果自上而下的规划被看作是一种预防、调解和解决冲突的"有效"方法（这些冲突被认为是不正常的、昂贵的，并会威胁到社会 - 城市的凝聚力，进而威胁到城市竞争力和企业的再发展议程），那么相比之下，冲突规划解决并展现了冲突的创造性潜力，从这些冲突中，集体主体出现并拯救城市，将其作为一个政治舞台或者一个空间，在这里，市民们无法回避并推动着城市的发展（Queiroz Ribeiro，2013）。

智利是一个有趣的例子。正如 López-Morales（2013c）、López-Morales 和 Ocaranza（2012）所展示的那样，2003 年，位于圣地亚哥市中心的 Pedro Aguirre Cerda（PAC）的居民，组织抵制了一项高度企业化的地方总体规划。如果这一规划付诸实施，将会在几年内使大量居民动迁。该规划是一种精英式管理的发展模式，旨在通过对当地土地经济的强有力干预，来吸引以房地产为主导的大规模更新，因此会产生更多的交换价值，并由此产生空间排斥。在 PAC，超过 50% 的居民共享住宅，尽管业主占有率非常高，约为 80%（在皮诺切特独裁统治期间，就已经个人所有）。如果 PAC 的新计划获得法律批准，它将会清理多个传统的低收入地区，以吸引中高阶层进入，从而极大地改变 PAC 地区的社会结构。然而，PAC 的当地社区居民意识到，即使接受新的总体规划中所包含的城市变化和建筑规范，作为一种资本化地租的形式，更大的租差，并不一定意味着有更高的土地价格用以补偿那些传统内城中的低收入业主居民（正如我们在第3章中看到的）。事实上，情况恰恰相反。圣地亚哥内城的大多数家庭都拥有众多成员，这使得实际的低资本化地租在使用价值方面，明显不足以供应众多聚集的家庭在高度隔离和不断扩张的城市中寻找替代住所，因此造成大规模的迁移。虽然地方活动家的主要目标是重新起草PAC地区的总体规划，但他们的反对，也是对改造工人阶层社区时政府主导的阶层权力的争论，以及对智利规划体系所特有的治理体系和自上而下实践的争论。PAC的领导人动员和传播了基层的核心诉求，彻底改变了总体规划执行的过程，并使政府重新起草规划。新版本的规划，没有出现驱逐威胁。该地区的关键问题仍未解决，比如许多现有住宅质量较差，但自从这些事件发生后，没有出现拆迁或驱逐的压力。当地居民和该市其他低收入社区认为这是一个巨大的成功（Lopez-Morales，2010、2011、2013a）。

类似地，Cabannes等人（2010）发表了一份关于世界各地强制拆迁的报告，提供了关于城市居民在"原地不动"，并反对由私有经济推动贫民窟再开发方面所采取的策略和做法的详细信息。即使不是所有这些案例都可以被认为是绅士化，但报告中所显示的反抗形式，以及人们面临强制拆迁时的做法，还是有用的：

（1）公众抗议和直接反抗，包括街头示威和游行，设置路障和封锁街道（在布宜诺斯艾利斯和德班，这种做法相当普遍），在将要拆除的建筑上悬挂宣示权利和宪法保障的标语等。

（2）正如智利案例所显示的那样，大多数面临强制拆迁的组织都采取了"守法主义"和表达权利诉求的方法，并在最大程度上利用法律程序进行斗争。

（3）在抵抗的同时进行谈判，并提出了"就地安置"的要求，这意味着原住民将搬迁到距离被拆迁地步行可达的地区。

（4）内部动员、联合动员（包括周边地区，也包括其他有组织的定居者）以及寻求国际组织和互联网声援，包括动员当地和国际媒体。

小结

以上 Cabannes 等人（2010）的工作告诉我们，强制拆迁是如何在世界各地被抵制的。然而，我们认为，他们的工作也代表了贫民窟冲突的传统观点，这种观点将拆迁理解为非常现实的威胁，但在他们的分析中，对关于空间的阶层纷争（通常嵌入在政策和城市更新总体规划中）的辩证思考并不明显。此外，我们也需要认识到南方世界国家城市性质的变化，不仅是因为工业扩张或现代化，还因为土地资本主义空间的扩张。国家放弃作为公共产品再分配代理人的角色，并更加深入地参与了土地资本再生产和积累的周期。贫民窟拆迁不应该只是被反对；它们是城市变化和房地产主导的复兴进程中的复杂链条，在当代和全球城市化快速变化背景下，需要从多个尺度来理解它们。此外，在最进步的非政府组织或跨国机构中形成的最积极的、现代化的关于贫民窟重建的观点，例如联合国人居署的重建目标，不仅忽略了那些只是反对拆迁的人所提出的诉求，而且往往过于颂扬社会融合，低估了拆迁的威胁。

对于贫民窟重建的最消极和最积极的观点，通常不会看到当代城市变化的全貌，而这正是绅士化的视角所能提供的——

在快速城市化的世界里,以一种比较的方式来理解贫民窟的重建。Eric Clark(2005)对绅士化的定义让我们了解到,在南方世界(也包括北方)中,资本主义制度下的大部分城市社会是如何不断两极分化的,同时城市的权利和居住的权利被持续地抹杀。我们还应该调查,在城市化的社会中,资本投资(越来越多地来自全球资本)注入某些地区,是如何对城市社会空间稳定构成有效威胁的。我们还要对这些威胁的运作方式进行调查。本章所讨论的案例表明,对空间受限的贫民窟进行房地产主导的(再)投资、南方世界城市景观发生显著变化、高收入群体的到来(或他们的利益)对地区的社会"提升",以及对社会最低收入群体直接或间接的替代(或者是替代的威胁),这四个因素通常同一时间发生在"非正规的"城市世界的很多地方。国家政府、国际捐助者和非政府组织的作用不可低估,这是当前贫民窟绅士化政治经济体系的一部分。正如 Desai 和 Loftus(2013:790)所认为的那样:

> 如果不能更清楚地理解贫民窟地区通过土地进行的资本循环,就会存在严重的风险,即对基础设施的善意投资,只会加强在贫民窟地区内部和整个地区运作的强大受益方的力量,同时也会增加贫民窟居民生活的不确定性。

消除贫民窟以扩大中产阶层消费,并实现城市空间更新计划,即为"贫民窟的绅士化"。这不仅是一个为房地产或服务型投资开辟新空间的目标,还是一种抹掉过去的方式,并且在不可能或不具有战略意义的情况下,将其有形的部分商品化,成为一种新的、时髦的、可销售的空间商品。目前,在北京胡同或上海的里弄,或里约热内卢的贫民窟中的绅士化很像典型的绅士化群体对城市刺激和差异的追求(Lees、Slater 和 Wyly,

2008；第3章）。然而，不同之处体现在低收入居民经历负面影响的规模，现在的绅士化规模要比以往大得多，我们将在接下来的章节中讨论这个问题。这些结果很可能正在改变南方世界大都市的整个城市社会经济体系，比20世纪60～70年代北方世界的绅士化更持久。

通常，贫民窟被错误地认为是被排除在城市房地产市场之外的，对城市经济发展没有贡献。这使得像Hernando de Soto（2000）这样的作者一直倡导通过名称正规化来"包容"贫民窟，以便贫民窟隐藏的经济潜力可以在正式市场中得到充分开发，而原住民可以成为拥有房产的屋主。但是，一旦贫民窟的土地和房产通过个人所有权合法化，就像我们在这一章中所看到的那样，土地和房价就会普遍上涨，迫使低收入居民卖掉房子，搬到城市周边更便宜的、没有配套服务的地区。因此，Lemanski（2014）的"混合绅士化"（hybrid gentrification）或López-Morales（2011、2013a、2013c）的"基于地租剥夺的积累"，这些词语似乎很适合用来形容这样的现实，即实际购买力不是掌握在新居民手中，而是掌握在房地产投资者手中，以及政府推动"政府主导"绅士化，以吸引房地产资本进入贫民窟的协力合作中。我们还认为，这些概念不仅与南方国家城市有关，而且还可以作为在南北方城市中进行更广泛的理论推导的模型。

7
巨型绅士化与置换动迁

随着世界各地区、各大洲城市化进程不断深化,城市发展的速度和规模,也以极其不均衡的方式上升到了前所未有的水平。南北方的现代城市都不断地推动大型开发项目。例如,迪拜、阿布扎比和巴林一直在实施新的城市开发项目,其中大部分项目都是跨国资本和全球富豪的大型基础设施和房地产项目。中国内地城市也一直在用商业地产项目取代低端的代工工厂和老旧的工业综合体(工业园区),每个项目都直接影响到成千上万的现有居民。像香港这样的城市,中心区的个别高层住宅大厦被拆除,取而代之的是利润更高的商业或住宅楼,这再次影响了成千上万的家庭。我们在多大程度上可以将这些项目称为绅士化?国家主导的开发项目在多大程度上构成了绅士化?以牺牲现有业主和租房者的使用价值以及他们的居留权为代价来获取交换价值,不同的资本派系是如何运作的?

Neil Smith 在其 2008 年版《非均衡发展》(*Uneven Development*)后记中重申了他早先的主张,称当代新自由主义全球化时期,"在城市尺度上,20 世纪 80 年代初还只是一个新兴现象的绅士化,现在已成为全球城市战略"(Smith, 2008: 263)。在最新一波"星球"绅士化浪潮中,南方国家城市首当其冲,因为巨型绅士化伴随着大规模的置换动迁(Lees, 2012: 164)。来自世界各地的例子证明了实施特定的城市政策和大型项目导致大规模动迁的严重性,这些政策和项目旨在以高度压缩的时间改造现有的城市空间。

在众多国家中,中国内地似乎在"巨型绅士化"(megagentrification)的讨论中脱颖而出。就北京而言,根据官方估算,整个 20 世纪 90 年代城市再开发项目影响了大约 50 万居民,涉及 160900 户家庭,导致受到影响的人中有三分之二以上永久性地置换动迁(Fang 和 Zhang, 2003)。从 2000 年到 2008 年,也是根据官方估计,总部位于日内瓦的国际非政府组织进一步报告说，预计近 150 万居民将受到北京重建项目的影响，北京筹备 2008 年夏季奥运会在一定程度上加速了这一进程（COHRE，2007）。官方数据主要包括常住人口，没有考虑外来务工人员及其家庭，因此，对北京城市居民的实际影响应更大。上海的情况也类似。1995 年至 2005 年期间，市政府为改造城市而雄心勃勃地实施城市再开发项目，涉及 74.6 万户家庭（Lossifova，2009），2003 年至 2010 年期间有 50 万户家庭受到影响（见"Shin，2012"中上海统计局 2011 年的数据）。其他地方也有类似于中国城市的大规模拆迁重建经历，尤其是在其近邻韩国。据报道，20 世纪 80 年代首尔进行的新商业重建项目浪潮（部分是由于市政当局为 1988 年夏季奥运会所做的准备），在 1983 年至 1988 年的 5 年间影响了 72 万人（ACHR，1989：91）。这意味着，当时首尔每 10 个人中就有 1 个人动迁。

正如 Ruth Glass（1964a）首次提出的那样，经典形式的城市绅士化过程引发了一个合理的、长期的邻里变化过程，其中包括逐个住宅的改造，将工人阶层的住所改造为较富裕阶层的住所。经典绅士化步伐往往会非常缓慢，以至于当地居民没有注意到变化的严重性，直到这种转变不可逆转。然而，随后的绅士化浪潮（Hackworth 和 Smith，2001）更为明显，问题更加严峻。新一波绅士化影响了一系列住宅区，这些住宅区可容纳数以百计、甚至数以千计的居民，他们被迫搬迁，为大规模清理和重建其无法企及的高档建筑和设施让路。现代城市的大规模重建以及由此形成的新建绅士化占据主导地位，为国家及其机构（包括规划和执法机构）和房地产资本的运作提供了一整套不同的规则和规范；注意，是一套不同的积累规则和逻辑，这与 Ruth Glass 所讨论的绅士化性质不尽相同。

在本章中，我们的目标是促进对当代城市绅士化的理解，这种绅士化不仅随着城市化拓展在全球蔓延（Brenner 和

Schmid，2014；Merrifield，2013a；参见第 2 章），而且规模庞大，产生了巨型绅士化，对于被置换的人来说，住所的影响提升到了一个全新领域（Porteous 和 Smith，2001；Shao，2013）。探究全球巨型绅士化，需要对国家和资本的变化性质以及国家与社会的关系进行研究。在此过程中，本章特别关注每个社会中绅士化的背景性质，因为绅士化是"特定历史、情境和时间要素的产物"（Lees，2012：165）。将绅士化融入一个社会背景之中，也意味着我们不能将一个国家的绅士化孤立起来，认为它是独一无二、与其他地区的绅士化无可比拟的。尽管南方国家的巨型绅士化似乎更加突出和剧烈，但我们也意识到，北方城市绅士化带来的后果也同样残酷。

大规模置换动迁：南方世界城市化的先决条件？

我们首先研究一下南方世界巨型绅士化的兴起。这项调查要求我们进一步区分置换动迁主导的开发和绅士化，因为许多南方国家正在对其国家领土进行大规模重组，这涉及空间结构调整，以适应各种土地圈占和清理工作，进而容纳各种开发项目，如铁路、水坝、发电厂、工厂和港口，以及其他重要的城市设施。非正规的居住区通常位于这些开发项目的路径上，它们受到清理，从而导致了大规模置换动迁现象，这被称为"开发导致的置换动迁"（development-led displacement，DID）。我们有必要将这些 DID 过程与绅士化过程分开，尽管很多综合用途项目的推广表明，DID 和绅士化可能在某些情况下同时或次第发生。

在讨论空间修复作为克服工业生产过度积累危机的解决方案时，David Harvey（1978）强调了资本转换发生并将剩余资本引入建成环境的方式，特别是扩大固定资产，如基础设施（高速公路、铁路、发电厂等）及房地产行业。人们已经认识到，这是自20世纪70年代以来英美等国家经济体经历几次经济危机的突出特征。南方国家，特别是中国内地等的经验，为进一步完善资本转换与循环积累理论提供了机会。在缺乏生产基地以及基础设施和公共设施的国家，建成环境次级循环并非不受工业生产初级循环的影响，两者通常是相互交织进行的（Shin，2014a：510-512）。

将资本引入固定资产投资的第一个特征即产生了置换动迁现象，这种现象可以概念化为开发导致的置换动迁（DID），其主要形式是强迫驱逐和重新安置（Mehta，2009；Satiroglu和Choi，2015）。鉴于大多数开发项目（特别是基础设施）具有大规模的性质，因此每个项目都会有数十万人面临永久性置换动迁。例如，1986年至1993年期间，世界各地有192个水坝项目进入施工阶段，据报每年造成400万人被迫动迁（Bartolome等，2000：4）。在菲律宾马尼拉的大都市铁路项目中，伴随着大规模土地集结，沿线非正规居点被清理。2003年至2010年期间，总共有35000户家庭面临动迁（Choi，2014）。在北京，作为筹备2008年夏季奥运会的一部分，该市计划实施环境改善项目，将影响到外来人口集聚的"城中村"内大约370500人（Shin，2009c：133-135）。这样的案例还可能会无限地继续下去。但最重要的是，大量的人口置换动迁已经成为资本积累过程中发展的代名词。DID与绅士化有许多共同特征。特别是那些受到DID影响的人，可能会经历与绅士化时期相似的置换动迁，因为他们被迫离开了自己的家园和社区。因此Narae Choi（2014：9）指出："这种大规模置换动迁的过程与结果中最重要的是,拆迁居民被赶出家园的经历与绅士化引起的置换动迁经历如出一辙,特别是关于房产补偿和适应新居带来的挑战这类问题,常常导致迁移者回迁。"

DID 并不总是导致绅士化。Bartolome 等(2000:7)指出,DID 有4个主要特征:(1)置换动迁是由特定的开发模式所导致的,它从不考虑社会和环境成本的最小化;(2)大多数置换动迁都牵涉被迫迁居的人群,他们被阻止参与发表意见;(3)置换动迁往往导致长期缺乏发展机会和由于警告不足而造成创伤性强迫搬迁;(4)置换动迁的规模常常被低估。显然,这些特征呼应了绅士化文献中的流离失所,但最终,DID 不同于绅士化,因为基础设施建设项目处于中心地位。大规模置换动迁现象可能是南方国家中城市和农村居民的日常生活经历,这种经历源于据称是惠及大众的开发项目,然而需要指出的是,公共利益是在现实中被定义的。一个典型的例子就是北京、上海和广州等中国主要城市的地铁系统建设,导致成千上万的城市居民动迁,但这个工程却是惠及全民的,包括低技术的进城务工人员,因为可为他们提供多年都不会上涨的优惠票价。

基础设施建设和绅士化

然而,还有必要讨论 DID 如何通过基础设施和城市设施(如公园和新的滨水空间)建设来提高潜在地租,创造租差,从而在特定情况下间接产生绅士化。在早先引用的马尼拉大都市铁路项目的例子中,有人暗示"取消非正规住区(作为铁路建设土地清理的一部分)"具有使当地土地使用和基础设施获得正规化的二次效应,再加上物理外观的"美化",为正式开发或再开发打开了大门（Choi，2014：12）。这给现有的城市贫民带来了更大的打击，因为随之而来的投机和生活成本增加，使得他们处于被迫迁移的压力之下。以台北为例，大安森林公园的建设（被称为台北版的曼哈顿中央公园），导致土地价格飙升，公园附近地区高利润的房地产开发项目激增（Huang，2015；Jou 等，2014）。

公共交通导向的开发（TOD）是经常用来提高土地开发潜力的一个技巧。特别是香港一直在试验这一做法，以确保其国有土地在被整合用于扩大地铁网络时，投入到更有利可图的开发用途之中。通过实施"轨道交通 + 房地产"的开发计划，将周边环境的开发权以及每个站点上方的空间出售给房地产开发商进行综合开发（Cervero 和 Murakami，2009）。这种产权出售所产生的收入有助于香港地铁公司收回地铁建设成本，与此同时，每个地铁站周边的高档住宅和商业开发项目，也带来了开发地块上住宅地产的溢价。这将为更好地利用邻近地区的土地创造更多机会，同时增加了更多的拆迁压力（同时参见"Rerat 和 Lees，2011"关于瑞士火车站周围空间资本的论述）。

通过公共投资建设新的城市公共服务设施，也可能会引发周边地区土地价值增加，从而引发绅士化。在这种情况下，建设这些服务设施的开发项目可能会被视为是为随后的绅士化创造条件。首尔的城市开发项目就是一个例子。这个项目是对近半个世纪前覆盖内城区的清溪川进行重建（图 7.1），被称为清溪川治理工程。该项目提供了 5.8 平方公里的人行露天滨水步道和公园，贯穿了首尔的传统中心区域（Lim 等，2013）。它以贴近自然而闻名，近年来得到了全世界的关注（如 Revkin，2009）。该项目本身于 2002 年 7 月正式启动，并于 2005 年 10 月完成。

Lim 等人（2013）分析了 2000 年至 2011 年间，被修复的清溪川所分割的传统中心商务区土地使用变化。他们的一个

图 7.1 2011 年首尔重建的清溪川（申铉邦 摄）

主要发现是，证实了土地价格和租金在清溪川治理后有所上涨，这"加快了土地利用变化，因为土地所有者试图通过吸引更多的富裕用户——这些用户十分重视新建的城市开放空间，从而实现利润最大化"（Lim 等，2013：199）。有些人提到了大众创业的主导作用（Seo and Chung, 2012），但在现实中，该项目见证了城市精英的政治愿景，以及在历史悠久的中央商务区进一步开辟城市资本积累渠道的空间重构，这些区域是在二三十年前重新开发的，现在正等待着另一轮再开发。其结果是"商业绅士化"（commercial gentrification）的推进，将那些在治理项目之前主要利用低租金优势的小型企业和工业用途进行置换，让位于更富裕的用户，并强化了高端用户的商业功能（Lim 等，2013）。

巨型绅士化，南方世界的国家与城市积累

在上一节中，我们已经看到在居民人口密度高度集中的南方国家城市和地区进行基础设施项目开发时，DID 是如何大规

模发生的。越来越多住宅区域，无论是正规的还是非正规的，都受到了影响（Desai 和 Loftus，2013；Goldman，2011；Shin，2014a）。这涉及资本转换到建成环境的范畴，与 David Harvey 所提到的消费基金相对应。本节将讨论巨型绅士化是如何发生的以及是什么使得这种巨型绅士化成为可能。例如，对拥挤的城市中心街区进行整体的绅士化，通常会超出单个开发商或者绅士化先锋的能力范围。这样的项目就需要国家和地方政府干预，通常还需要企业家参与。在这方面，我们首先分析政府对绅士化的干预，因为近年来这种情况更为突出。在本节中，我们将介绍几个案例，讨论政府、资本和民众之间的冲突和/或支持性互动是如何产生一种绅士化以及置换动迁的特定类型的。显然，这些案例（以及政府案例范畴中的子案例）并不意味着详尽无遗，而是预示着进一步的调查。

东亚发展型国家的巨型绅士化

尽管东亚在快速工业化时期并不是很民主，但它通过实现民众的经济安全来确保其合法性（Woo-Cumings，1999）。东亚大多数发展型国家在冷战期间支持美国主导的资本主义集团，因此美国准许这些国家优先进入本国市场作为回报（Glassman 和 Choi，2014）。这些国家正在大力投资固定资产以增强其基础设施实力，最初发展劳动密集型制造业，然后通过技术创新向全球价值链上游移动，并以较低的劳动力成本开拓邻近的新兴经济体（Arrighi，2009；Kim，2013；Yeung，2009）。

在住房方面，社会政治关系决定了国家为本国人口提供住房的方式。Bae-Gyoon Park（1998）对新加坡和韩国公共住房供给进行了比较研究，说明了这方面的情况。在新加坡，公共住房广泛供应，部分原因是为了确保社会稳定，为其新兴的工业生产进行社会再生产，部分原因是国家要通过满足中产阶层和工人阶层的迫切需求来获得统治的合法性。相比之下，韩国则看到了政府与大企业（通常称为财阀）之间增长联盟的主导地位，因为政府重新调整了可用资源，用于帮助企业成长，并确保其在全球（特别是美国）市场的份额。虽然国家帮助建立房地产业，并通过国家房地产公司的活动推进房地产行业，但这些主要是为了推进以不动产所有权为基础的商品住房市场，使公共住房不再是国家责任的一部分（Park, 1998）。家庭满足自己的住房需求，而在20世纪60～70年代工业化和城市化早期阶段，棚户区和不正规居住区增长是不可避免的，因为城市贫困人口难以立足于正式的住房市场。

正是在这种背景下，从20世纪80年代初，韩国首尔市政府在全市范围内开展了一项名为"联合重建计划"（JRP）的项目，将那些普遍存在的非正规住宅区改造为中产阶层商业住宅区。该项目为业主与开发商之间的联合提供了一个平台，共同开展商业重建。同时，这座城市当时也迫切需要美化城市景观，为1988年夏季奥运会做准备。市政府采取了批量清理现有住宅的策略，并以规划允许的最高密度重建为高档商业公寓。联合重建计划是一个由不正规住宅区业主协会领导的项目，他们会选择开发商或商业财团作为重建的合作伙伴，负责提供完整的财务、项目管理和建设，以及在新住房市场中销售新建公寓。如果业主在国有土地上拥有非法住房——这是当时许多非正规住区的共同特征，那么土地所有权的合法化也是该项目的一部分。

业主和开发商在重建项目中处于主导地位，同时地方政府（市政府和包括警察在内的其他政府机构）更多地扮演了推动者的角色，他们通过规划和行政权力积极干预。JRP名义上是将劣质住区中的贫困业主在重新开发后转化为现代商业公寓的业主,但实际上,大多数新建的高档公寓往往超出了那些贫困业主的承受能力,尽管业主协会成员可以享受优惠价格。投机性利益经常进入这些重建区域,更富裕的买家通常购买产权(在韩语中通常称为"ddakji"或"入场券"),以取代那些试图通过出售其权利获得边际收益(即部分潜在地租)的现有贫困业主。连续的交易往往是由投机利益驱使的。

根据首尔政府提供的数据,Shin 和 Kim(2015)指出,在 20 世纪 80 年代初至 2010 年之间完成的 211 个重建计划项目中,每个项目用地的平均住宅规模为 379 套。因此,成千上万的人被赶出其曾经负担得起的居住区,这种现象十分常见。政府出面进行干预,从而保证业主及开发商开展的牟利活动得以顺利进行。残酷的驱逐行为很普遍,特别是在 20 世纪 80 年代和 90 年代初期,通常由开发商雇用的暴徒来实施,并得到与开发商合作的警察帮助。在这里,首尔市上溪洞的情况就是政府和开发商联合起来,破坏城市贫民的住房权利,推动巨型绅士化的典型案例。

案例研究:20 世纪 80 年代的上溪洞再开发工程

上溪洞再开发项目造成了 1528 户家庭被迫置换动迁,其中包括 947 户没有土地所有权的寮屋户和 581 户租户(Kim,1998)。该地区于 1985 年 4 月 20 日被指定为再开发区域,而地铁于同年 1 月刚刚开通。上溪洞项目用地面积达 43620 平方米,位于当时的首尔北部郊区,属于非正规居住区。根据当地地方政府的说法,这些非正规居住区的大部分土地属于中央政府所有(一小部分为市政土地),因此这些社区是非正规和非法的。如前所述,大多数原始所有者将其财产权出售给投机者:根据一项研究表明,"在所有已更换所有权的房屋中,18% 的住房已经更换业主 5 次以上",最终只有不到 10% 的原业主获得原地安置(Kim,1998:214)。另一方面，租户面临着严重不利处境和永久置换动迁，而且这是以人们所能想象到的最暴力的方式发生的。以下摘自亚洲住房权利联盟（ACHR）撰写的一份报告，报告生动地描述了这些居民（其中大多数是租户）在抵制驱逐时的灾难性经历：

●在4公顷的土地上大约有1100座房屋。当地居民组织抵制这种再开发（以及对他们的驱逐）时，遭受到了一系列的暴力袭击；1986年6月26日至1987年4月14日，他们共遭到18次袭击。大约400人（其中约一半为青少年和儿童）拒绝被驱逐。大多数袭击事件中都有数百名防暴警察和建筑公司雇用人员，他们威胁并殴打居民。许多居民在袭击中受到严重伤害，包括老人和婴儿。在此期间，受伤人员的治疗费用总计约为15000美元……

●1987年4月14日，一支3500人的部队和77辆卡车进入该地区，对380名居民进行了攻击。居民们的财物被装上卡车并运走，帐篷被拆除，居民被带出改造地区。同时在该地区入口处挖了宽阔的沟渠，设置了大型路障以防止再次进入。防暴警察和建筑公司雇佣的警卫仍然在现场看守。（ACHR，1989：92）

与同一时期（20世纪80年代）的其他驱逐事件相比，上溪洞驱逐事件更受关注，这可能是因为这场产权斗争与1988年夏季奥运会直接相关，体现了专制政权对被驱逐者的残酷。正如Davis（2011：592）所述，"上溪洞的群体崩溃反映了一个问题，即有多少拆迁驱逐和开发正在发生，而居民的反抗几乎是无用的。"对我们来说，这也证明了在发展型专制国家发生巨型绅士化的残酷，其进程仍然得到了投机性财产权益者的支持，包括重建项目土地上的业主和取代原贫困业主的其他投机买家。这种由绅士化引发的驱逐，发生在纽约曼哈顿汤普金斯广场公园（Tompkins Square Park）复仇主义驱逐事件的前一年（Smith，1996）。

中国城市的巨型绅士化

在中国内地，大规模置换动迁现象并不新鲜。自实施改革开放政策以来，伴随着快速城市化进程，中央和地方政府主导了大量的固定资产投资，以扩大国家经济增长（关于中国城市化进程的总结，见 Shin，2015）。这一过程需要征用农村土地，并将村集体所有的农田转变为建设用地，由国家拥有和管理。正如 Carolyn Cartier 指出的那样，"国家和农村集体是唯一的土地所有者，有利于吸引投资并整合土地权利。"（Cartier，2011：1117）

征用土地并用来发展，这种权力已经延伸到了城市政府，其不断寻求土地资源，一方面是为了最大限度地创造财政收入，另一方面，将其管辖的城市空间改造为现代化空间，实现世界城市的愿望，从而满足新兴中产阶层的消费需求。城市外围地区通过提供便宜的土地吸引投资，致力于进一步实现工业化（例如出口加工和制造业的特殊经济区）和发展技术创新（例如科学园区），而现有城市地区的土地使用权以高昂的价格出售给开发商（包括国有和私营部门），他们将启动各种房地产开发项目。土地使用权出让金是地方财政预算外收入的重要组成部分。由于土地收入在中国城市发展融资中的重要性日益增高，"基于土地的资本积累"受到中国学者关注并将其概念化（详见 Hsing，2010）。

本章一开始概述的中国内地巨型绅士化的产生，是许多已经在时间和空间上实现的个别项目累积的结果。显然，所有这些项目在制度背景、项目选址和社会影响方面都不尽相同。然而，鉴于中国房地产投资已经成为国家固定资产形成、经济发展和城市化的主要贡献者，可以合理地断定，巨型绅士化（mega-gentrification）与国家政府制定的城市发展战略密切相关。同时，它也涉及城市尺度上的地方政府，有些地方政府已经表现出越来越多的"企业家"特征（Duckett, 1998; Shin, 2009b; Wang, 2011），追逐巨大利益机会的同时可能牺牲了当地居民"留在原地"的权利（Iossifova, 2009; Shin, 2013; He, 2012）。在这方面，两个自上而下的城市再开发案例作为例证，展示出地方政府高度的政府干预、企业家主义和权威性的特质。这两个案例研究主要来自 Cheng（2012）。

案例研究：X 城与 F 城自上而下的城市再开发

这里讨论的两个案例研究，呈现了中国内地地方政府如何积极推动以房地产开发为导向的城市再开发，从而解决资本积累问题，并满足社会精英人士的愿望，即建设一个以房地产商品化为基础、差别于计划经济时代实践的现代化城市。这两个案例包括：X 城的传统工业住宅区拆除重建和 F 城的历史保护街区再开发。

X 城是中国西北地区的区域中心城市，案例地点位于该城中心地区，是一个混合用途的综合区域，占地约 5.3 平方公里，容纳约 16 万人。该区域由中央政府建于中华人民共和国成立初期，为居民提供就业和生活设施，这里居民的生计过去严重依赖于五家国有纺织厂和其他辅助机构。改革开放之后，该地纺织业的竞争力逐渐下滑，生产能力下降甚至停产，最后导致工厂关闭，大量工人下岗，生计也随之恶化。地方政府在 2008 年从中央政府获得了对该地块的管控权后，开始将该地区重新开发为集居住、商业和工业功能为一体的综合功能区。随后，地方政府成立了综合开发办公室，监督整个开发过程，全权负责管理运营和批准计划。由于该项目的区位优势（靠近新建地铁站）以及邻近地区的旺盛住房需求，很多开发商对该地投资兴趣浓厚，综合开发办公室与这些开发商建立了紧密的工作关系。

F城的案例是一个住宅区，该地因其历史建筑遗迹而闻名，并于2001年被指定为国家历史保护单位。该地区占地面积约为64公顷，容纳着3万居民、约9635户家庭，以及一些小型商户。再开发项目于2007年初开始，由市政府主导，广泛借鉴了上海新天地重建的经验（Yang和Chang 2007；Wai，2006），并确保由新天地项目的同一开发商（香港瑞安集团）来开发该住区。尽管该项目以文物保护为主要目标，但实际上，正如2011年完成的第一期工程所显示的那样，几乎完全拆除了该遗址上的所有建筑（上海新天地也是如此），并重建了仿古风格的新建筑。

在这两个案例中，地方政府对再开发过程都采取了强有力的干预措施。在X城，提供给当地居民的货币补偿，即使以折扣价购买，也远远达不到购买新建住房的价格，因为许多家庭的生活都比较拮据。当地居民发起了一些个人或集体的正式/非正式行动，来表达他们的不满，而负责再开发的政府机构采取了各种措施，试图平息居民的不满情绪。在F城，当地政府积极地参与到拆迁工作当中，而非外包，从而确保开发商能及时整合土地。F城住区的居民被迫异地安置，因为开发商希望从针对高消费群体的商业再开发中获得最大收益。虽然这些居民获得了全市最高的补偿标准，但重建后原住民很难原址回迁。2008年至2011年，在当地政府实施的拆迁计划下，居民们搬出该地区。

X城和F城的地方政府都与房地产开发商合作密切，他们的再开发土地为房地产资本注入做好准备，但当地居民的邻里权利和城市权利在一定程度上被剥夺。在中国内地的城市化背景下，房地产投资已成为经济发展的支柱，这两个案例都可以被视为一种有效整合国有土地的手段，地方政府作为实际上的"土地所有者"发挥主导作用（Shin，2009b），使这些空间可以转化为一个商品化的空间，进而提取交换价值（Weber，2002；也见Shin，2014a）。

南方世界的隐蔽型置换动迁

大尺度巨型绅士化（large-scale mega-gentrifications）是经常被批评家和倡导团体所提及的一种现象，他们认为这种现象所造成的置换动迁与北方世界截然不同。参考 CHORE（2006）关于强制动迁的报告，Elvin Wyly 和他的同事写道：

> 唯一不需要过分担心高估数字的情况，就是在南方世界，那里的动迁规模之大是不可否认的：据估计，在 2003 年至 2006 年期间，非洲各地有 200 万人因暴力驱逐而迁居，亚洲有 340 万人被迁离。（Wyly 等，2010：2063）

但是，上面报告里置换动迁的规模大多是根据拆迁最后剩余的居民计算的，他们在拆迁和/或强制拆迁时占据房产，并直接受到影响。而针对置换动迁实质的深入思考告诉我们，这种方法严重低估了动迁的实际规模。

Peter Marcuse（1985a）在其关于绅士化发人深思的文章中，驳斥了所谓置换动迁的简单定义，即将其简单地等视为"只对最后搬走的居民产生影响"的"直接"置换。因为除了这种"居住性置换"以外，Marcuse 还进一步增加了"连锁性置换""排斥性置换"以及"潜在性置换"（Marcuse，1985a：205-208）。连锁性置换发生在最后剩下的居民完全动迁之前，其意指当一个家庭还占据着住房单元时就已经成为置换动迁的目标。排斥性置换则是这样一种情况，即某地区的居民原先可以负担当地的房价与生活，但当该地被绅士化，或者房价以及周围的生活变得无法承受时（有各种原因，例如法律条文变化、规划调控等），排斥性置换就会产生。潜在性置换发生在还没有实施拆迁工程之前，居民感受到了可能被动迁的压力，虽然他们还尚未受到拆迁工程的影响，但在不久的将来，他们也会迁移出自己的家园。这种潜在性置换可能是由于邻里关系的持续变化、邻居的搬迁而失去现有的社会关系，以及城市层面的一些变化（如引起家庭关注的整体房价上涨等）造成的。在这里，"潜在性置换"可以与 Davidson 和 Lees（2010）提到"现象性置换"联系起来。在这方面，那些面临拆迁置换的家庭可以说是处于持续的置换动迁状态。

深入理解置换动迁现象如何能够多层次、细微化，可以让我们用不同的视角去审视绅士化和邻里变化所带来的社会后果。例如，政府或参与再开发项目的房地产开发商的官方数据，主要是通过开展社区普查时，对已知的正在占用住宅的租户和自住业主进行统计，来报告最后剩余的迁移规模。这种方法涉及划定边界，以确定产权的合法持有人，并确定谁有资格为业主和租户提供任何形式的补偿措施（详见葡萄牙里斯本 2015 年的 Ascensao 地区）。例如，在中国内地，这种人数统计通常由地方政府和媒体进行报道，其中涉及的搬迁户数，只包括由当地居民委员会保存的本地户籍人口。这种方法的直接缺陷在于，那些被迁走的租户在统计中被忽略，这使实际的动迁规模被大大低估。

对置换动迁规模的低估，有时也是由于城市再开发项目的交付周期长所导致，这给当地居民带来了搬迁的压力，促使他们甚至在再开发项目实际执行之前就搬迁了。这表明，连锁置换动迁问题与再开发项目中的开发压力密切相关，这通常会导致新建绅士化的产生。韩国首尔的 Nangok 社区再开发案例清楚地表明了这一点（Shin，2006、2009a）。

案例研究：Nangok 社区再开发

Nangok 社区位于韩国首尔的西南部边缘（图 7.2），它沿着一个山坡发展起来，1968 年被指定为一些从首尔市中心迁出家庭的搬迁地点。Nangok 社区的大部分（93%）土地是公有的，因此大多数住宅业主没有正式的土地使用权。在 20 世纪 70～80 年代，当时韩国正在经历快速城市化和工业化，Nangok 的人口规模扩大，这主要是因为对于来自农村地区的移民和其他城市贫困家庭而言，Nangok 的租金和住房价格更容易承受。根据首尔市政府的官方记录，截止到 1991 年，该地区共有 2732 处非法住宅，居住着 4416 户共计 16734 人（Seoul Municipal Government, 1991: 186）。

在 20 世纪 80 年代初，当市政府开始实施名为"联合重建计划"的全市再开发计划时（见本章前面的内容），Nangok 的当地居民也听到了有关这个社区将要进行拆迁的传言。传言在 1995 年 5 月成为现实，当时这个社区被市政府有条件地指定为重建地区（图 7.3）。这一决定也意味着对该地区进一步发展的限制，包括禁止任何额外的投资进行住宅改造或扩建。社区的拆除和重建也将有损住户长期的住房保障，尤其是对租户家庭而言。尽管如此，这个社区仍然留有大量居民，截止到 1996 年，居民总数为 14640 人（Gwan'ak District Assembly, 1996）。

在接下来的几年，Nangok 的再开发遭遇了一系列挫折，特别是 20 世纪 90 年代后期的亚洲金融危机对韩国房地产市场产生了负面影响，从而影响了社区再开发计划的盈利，因为该计划高度依赖于通过出售商业公寓所获取的利润，来补贴原业主住所的重建。1996 年获得开发权的原开发商，由于其控股公司破产，不得不退出该项目。最终，一家公共企业介入来挽救该项目，最后剩余的居民在 2000 年 10 月开始搬迁。到这一时期，社区内大约有 2450 户（约 10000 人）。然而，这意味着在 1996 年到 2000 年之间，

图 7.2 2001 年，被完全拆除之前的 Nangok 社区（申铉邦 摄）

图 7.3 2007 年，重建后遍布商业公寓的 Nangok 社区（申铉邦 摄）

有将近 5000 人选择了离开这个社区，这可能是为了避免拆迁带来的不便，也可能是因为业主努力腾空房屋。官方记录中，受社区重建影响的人数仅包括了最后剩余的居民，却并未告诉我们全部情况，掩盖了最后这些居民搬出之前发生的链式搬迁情况。它们也没有向我们展示排他性搬迁的规模，也就是说，贫困家庭被排除在外，如果社区没有被推倒重建，这些家庭本可以将 Nangok 社区住宅作为他们最负担得起的住房选择，很轻松地居住在这里。

大规模动迁：一个南方世界的现象？

大规模动迁往往与南方城市相关联，但它也正在成为西欧和北美城市的主导趋势，这得益于房地产行业激烈的金融化和新自由主义国家通过剥夺实现积累的行动（Harvey，2005）。特别要指出的是，巨型绅士化与一些西欧和北美国家重建大型公共住宅的进程有关（Bridge、Butler 和 Lees，2011）。公共住宅曾被认为是抵御绅士化的一种非改造手段（Marcuse，1985b），但它们越来越容易受到地域污名化（Wacquant 等，2014），以及受到以私人与公共部门合作和使用混合社区政策的城市更新为名义的绅士化力量的冲击（本书第 5 章）。

例如，自 20 世纪 90 年代初以来，美国的 HOPE VI 计划发起了对贫困人群的大型公共房屋重建工作，这些公共房屋早已成为重建（即绅士化）的对象（Zhang 和 Weismann，2006），与此同时 Lees、Slater 和 Wyly（2008），以及 Goetz（2010）等作者将原住民的遣散（即迁移）认定为该政策的结果。Kingsley 等人（2003）对 103 个 HOPE VI 项目地点进行了调查，这些地方直到 1998 年才收到补偿金，他们指出"从计划开始到 2000 年 3 月底，25628 个家庭从这些地点迁出"（第 429 页）。这表明，平均每个地点有 259 户家庭迁出。受 HOPE VI 计划管辖的公共房屋，由于在家庭贫困、犯罪、空置和/或建筑破损等问题上处于"严重困境"，正在经历污名化（参见"Goetz，2010：139"关于项目资格的内容）。

英国也同样将公共住房污名化付诸实践，地方议会和开发商联盟打出通过再开发创造混合使用权的旗帜,在此背景下,市政地产受到了威胁(Lees、Slater 和 Wyly,2008)。特别是在伦敦,以类似于 HOPE VI 计划的方式重建市政地产后,项目所在地和邻近地区都发生了重大变化(Lees,2014c)。用 Goetz(2010:153)的话来说,它"激活了新兴土地市场,或者说扫除了绅士化最后的障碍"(另见 Wyly 和 Hammel,1999)。正如 Paul Watt(2009)在对伦敦住房库存转移政策研究中所观察到的那样,"新政社区重建计划"等基于社区或公众参与理念的计划,经常被证明是"伦敦市内政府主导绅士化的特洛伊木马"(另见 Wyly 和 Hammel,1999:240)。例如,在塔哈姆雷特的海洋村(该区最大的市建住宅区)这一案例中,地方议会推动将公共住房转让给一个住房协会,以便为备受期待的住区重建注入资本。这会导致 543 个房屋被拆除,包括 440 个租赁房屋和 103 间租赁房产。拆迁之后,他们建造了 714 个私人单元,旨在为翻新其余的房地产提供资金。没有人为迁走的租户提供住所,而数百个新来的富裕家庭通过房地产置换创造了替代压力和替代现象。Lees(2014b、2014c)还探究了来自南华克的 Aylesbury 和 Heygate 地区的数千名居民(市政出租和租赁户)为给新开发的住宅区让路(参见 Municipal Dreams,2014),而进行的大规模和令人不安的搬迁现象。

在伦敦市内,至少有 50 个市建住宅区正受到巨型绅士化和搬迁的影响。我们统计了成千上万的城市居民的直接搬迁情况(如果我们要考虑间接或排他性搬迁的话,还有数千人),以探究伦敦市内绅士化进程拆除的最后一个社区是什么(图 7.4)。

图 7.4　2012 年伦敦 Heygate Estate 的置换动迁（洛蕾塔·李斯　摄）

小结

巴黎人在 19 世纪经历的奥斯曼化已成为当代许多南方城市居民的生活体验，它也重新出现在一些北方城市的边缘城市居民之中。巨型绅士化的兴起证明了新型绅士化经济的巩固（第 3 章），它建立在贫民窟绅士化日益扩散的基础上（第 6 章）。巨型绅士化还印证了政府部门和企业之间存在着强大的联系，这种联系源于各种城市环境中产生的发展潜力（即租差）（第 2 章）。我们在前面已经看到，这种租差的形成并不总是依赖于对可绅士化的房地产投资的减少，还取决于邻近城市地区日益增长的富裕程度，例如，非正规住区发展潜力的增长。

大规模搬迁和城市绅士化的经历，证明了研究各种复杂利益组合关系的重要性，这些利益组合的形成和重新组合，是与财产利益的地理变化相结合的。政府和企业并不能简单地通过使用暴力和强制手段来实现巨型绅士化。在首尔，整个 20 世纪 70 年代，非正规居住区的激增最初受到了国家的强制驱逐和拆除（见"Mobrand, 2008"关于这一过程的历史记录）。然而，只有当政府制订了一项重建计划（JRP）吸引原有业主加入基于地产的利益集团时，才能彻底消除这些区域。这些利益集团根植于投机性的房地产市场,他们旨在使这些社区得到更高效和更好的利用,从而将非正规住区所在的土地转化为有利可图的商品。历史表明,这些业主中较贫穷的一派在这一过程中也失败了(Shin, 2009a; Ha, 2001),事实上,将业主与"无房"租户分离是一种典型的分而治之策略,目的是削弱对政府主导重建计划的阻挠。类似的情况在中国内地的某些投机性城市发展过程中也显而易见,那里的私人租户受到巨型绅士化影响最为严重,他们从一开始就被排除在外。只有被作为真正"地主"的地方政府所承认,业主对其在城市社区中的物业提出的权利主张才能获得合法性(Shin, 2009b)。

本章讨论的巨型绅士化的案例表明,在绅士化社区中不同阶层的人口搬迁经历有所不同。这意味着,将搬迁者定位为有着统一利益的单一、同质的居民群体将是有问题的。正如 Sapana Doshi(2013: 845)在她关于孟买贫民窟重建的讨论中所说的那样,"多样的搬迁行为是土地市场社会生产的核心"。因此,"在经过谈判、各方同意进行搬迁和强制拆除后,(孟买的)贫民窟重建项目使得地方和跨国精英享有特权"(Doshi, 2013: 848)。协商和强制手段的使用,是 Gramsci 所认为的统治阶级治理手段的核心(Gramsci, 1971: 57–58),正如 Haugaard(2006)总结的那样,统治集团的统治权是通过"与其他利益团体的一系列联盟"得到保证的(第5页)。基于巨型绅士化和搬迁将继续作为城市积累的主导模式,似乎有必要制造更广泛的社会共识,使得通过房地产投资谋利的机会最大化。为了消除群众不满的声音,这类房地产投资多建立在一套强制性措施之上。这样的共识建设,有时可以通过对擅自占地者定罪的反乌托邦式意向来促进(例如在中国台北),或者由新自由主义国家的福利享有者(例如在英国和美国)来推动(Jou 等, 2014; Lees, 2014b; Wacquant 等, 2014)。有时,正如东亚发展中国家的城市化历史所证明的那样，在政府部门、平民群体和商业部门内，投机性房地产利益集团的扩张似乎创造了一种特殊的文化和话语（参见"Ley 和 Teo，2014"关于中国香港的研究，以及"Shin 和 Kim，2015"年关于韩国的研究），而这种文化和话语已经越来越多地将城市贫困人群排除在外。

8
结语

Ruth Glass 所创造的绅士化这个术语不会消亡，这或许是注定的；事实上，这个词以"星球绅士化"重生了。正如我们在本书中所做的，Schulman（2012：14）思考了：

这个过程是怎样的？是什么将复杂性、差异性、动态对话行为同质化，并将其替换成类似的？或是一种文化的制度化？或是权力的缺位？或是对权力的牵制？

她对这个问题的答案和我们一样，总是会回到同一个概念上：绅士化。正如她接着说的那样：

首先我需要定义这个术语。对我来说，绅士化的词义演变过程具体来说是一种演替过程。从根本上说这是一种城市现象：把包含不同阶级、种族、民族、性别、语言、观念的群体迁走，并替换为更加同质化的群体。随之而来的是文化和关系的解构，这种解构对城市未来生活有着深远的影响。（第14页）

我们同意上述观点。这本书对整理相关理论做出了重要贡献，在近年全球不同地区对城市研究后殖民批判的基础上，发展出更具有全球化特征的绅士化观点。一段时间以来，学界认为，英文语境（事实上也包括非英文语境）下的绅士化争论已经被限定在北美和西欧的城市研究。直到最近，也仅有零星的讨论试图解决这种偏颇。随着时代的改变，目前已有大量且不断增长的文献（英文及非英文）关注北方世界以外的城市，这些研究者正在努力以不同的角度来思考非西方绅士化。这是因为国际学术界正在意识到，绅士化能够帮助我们理解不同制度下城市空间重构的过程。在编写本书时，我们尽力借鉴新兴的绅士化文献和观点，但同时也参考了（如引言所说）在伦敦和圣地亚哥举办的两场国际研讨会中的高水平讨论以及编写另一本书时的详细讨论（Lees, Shin 和 López-Morales, 2015）；另外，我们还作为编撰团队，为东亚和拉美的全球绅士化问题编写了两期特刊。基于这些工作，本书提供了星球绅士化批判性政治经济学的新观点。

  Gareth Myers（2014：116）在反思比较城市主义中知识权威性的逆向流动时指出：第一，这不仅仅是关于在南方国家兴起，或是对于不同语境的审视，抑或是忽视常见的质疑和在没有西方国家的情况下进行比较城市化，"其关键在于将城市置于比较研究的分析平台之中"；第二，城市政策的流动和循环仍然是关注焦点；第三，综合的、多区域的比较研究，需要多文化背景的研究团队以及研究者网络的支撑。本书是一次多方协作的尝试，旨在将全球的绅士化"置于一个分析框架之中"——城市更新或城市再开发的政策和计划，长期以来都是多方关注的焦点，而我们则是一个多元文化、全球性的研究团队。在本书中，我们不得不追问自己很多问题：我们是否在拓展绅士化一词的含义，使它失去了任何意义？或者，绅士化能否经受住来自比较城市主义的考验？绅士化作为一个概念，其本质是什么？从问题分析的角度来说，没有任何其他事物能比绅士化更好地解释吗？对于学者和/或活动家来说，绅士化这一概念对于西方以外的国家是否适用？目前来看，绅士化的代理人是谁？是否存在让城市贫民拆迁置换而又不是绅士化的现象？……事实上，我们的问题贯穿全书。以20多年前 Neil Smith（1996）的观点来看，绅士化可以这样概括：

> 总体差异并不是一个可持续的论点，这些绅士化实例是截然不同的……差异的存在，并不代表否定绅士化的归纳。我认为将所有这些绅士化过程分解成截然不同的现象是不合理的。（第185-186页）

我们讨论了绅士化这一概念是否在全球适用，以及可概括的绅士化现象是否真实存在。经过大量研究和国际研讨，"区分可能情况，或适用于各种条件并能解决具体情境问题"（Betancur，2014：1），以及对本书提到的案例进行讨论、交流和比较之后，我们得到了肯定的答案——只要我们保持绅士化足够的普遍性并促进其广泛性，同时，提供其灵活性，使其能够适应不断变化的条件和当地情况。事实上，为了与绅士化的新地理学保持一致，我们需要一种既定位又错位的绅士化理论。Betancur（2014：2）定义了绅士化的结构核心或普遍的可能性条件（使能条件），其中包括：社会体制的转变和相关的城市重组，关键因素包括"租金生产、再生产和捕获，绅士化群体及可进行绅士化区域的产生，阶层置换/替代"；以及决定绅士化"实际呈现、形式及可能性"的偶然或同时发生的（必要）因素，考虑到地理差异和时间性。他认为，如果我们要在非传统语境下研究绅士化，那么应该"从体制转变和相应的使能条件开始，然后识别不同地点的偶发事件"（同上：3）。Betancur（2014：9）认为，使能因素和必要因素"必须在关键的范围上达成一致，并由社会行动者将潜在可能的转化为实际存在的绅士化"。

我们在本书中论证的行动者和代理人，在全球范围内，不太可能是 Ruth Glass（1964a）提到的上流社会人士，也不会是 David Ley（1996）和 Tim Butler（1997）所指的左翼自由派先锋绅士化群体。他们更可能是政府（与企业资本结盟），以及强大的本地或国际开发商。就中国而言，政府权力与新兴的、日益富裕的（也是极其强大的）中产阶层交织在一起。正如我们在第3章中所看到的，在巴西里约热内卢的例子中，整个城市的重建过程是由以交通为导向的公共投资支撑的，这些投资渗透到最具代表性的贫民窟，以增加他们的"空间资本"；

同时，跨国精英也在那里经营土地和房地产，以便开发营利性的旅游项目。在南方国家，政府主导的绅士化具有其特殊性，正如本书所说，全球各地的绅士化过程各不相同，但这些并不足以使"绅士化"这一术语淡化或消失（Smith,1996）。事实上，当我们在全球范围延伸"绅士化"这一概念时，我们是在对绅士化进行抽象化或概念化，重点关注以空间商品化为中心的绅士化与不平等权力关系（在任何社会中都预先存在的）之间的必要联系（第2章和第3章）（另见 Clark, 2005）。因此，我们才能够在一定程度上认识、理解和归纳所有城市的整体情况，以及某城市在某个特定时间点的特殊情况（Nijman, 2007:1）。绅士化是如何在特定地区以特定方式发生的，需要研究人员对此展开调查，来明确这之间的不确定关系（例如国家制度、中产阶层群体的崛起、公民社会的形成、底层城市化、非正规化），进而突出"内生绅士化"的特定路径。在这个过程中，我们认为绅士化的话语权在不断增加，而不是减弱。我们的研究方法还表明，绅士化可能会作为一种嵌入过程，存在于那些可能经历认识论缺失的地方，正如 Ley 和 Teo（2014）对香港的研究表明的那样。毕竟，认识论是有关谁研究、为谁研究，并且是建立在社会正义的本体论原则之上的。

绅士化，作为一个过程，（尽管在全球衰退的背景下，在当今像美国等地方"由于"全球衰退）仍然是城市资本主义风暴的中心，这个过程将资本推向各种各样的星球城市化环境，这些环境并不是新潮的，甚至是以前可以想象到的。我们同意这种观点，即世界范围内，大城市周边正在发生郊区化，同时我们也认为并证实，世界各地的城市化正伴随着多个中心产生。由于金融投机导致需求增加，全球各地的土地及运输成本相应增加，因此，城市再开发的过程正处于各地冲突性政治舞台的最前沿。我们并不是坚称绅士化是全球最主要的城市化过程，但我们的确认为，离开绅士化研究，就无法理解全球城市化进程的复杂性。事实上，以阶层为主导的再开发过程所引发的问题，是目前全球最突出的城市问题。

本书中，我们请读者批判性地反思加剧全球社会不平等的绅士化过程，并请他们思考在绅士化条件下星球城市的未来。我们坚持绅士化研究需要在"西方"之外进行，因此在本书的章节使英美国家案例研究的霸权变得地方化和背景化。但正如 Lees（2012、2014a）所论证的那样，我们也希望绅士化研究再次回归西方，利用从西方国家以外学到的见解，来重新定义霸权理论和概念。我们的比较城市方法寻求回归理论，就像我们在全书尤其是结论部分所做的，反思这种比较城市主义的做法对于现有绅士化理论和广义的全球绅士化概念意味着什么。

我们在本书中采用的研究星球绅士化的比较城市主义，其灵感来自 Robinson（2003、2006、2011c）和 Roy（2009），并与 Lees、Shin 和 López-Morales（2015）串联，寻求开放式的、以欧洲为中心的绅士化研究。通过这个过程，我们希望为绅士化研究带来新的活力，以及新的严谨性分析。尽管长期以来，我们对于探索英美国家以外的城市发展，特别是南方国家自有的发展模式（McFarlane，2010；Bunnell 等，2012）感到非常兴奋（如 McFarlane，2010；Bunnell 等，2012）。然而，我们所研究的批判性城市地理学，与其他比较城市主义者略有不同。我们认为，全球扁平化过程，以及增强差异认识以平衡多元化城市等级结构的过程，会隐藏社会不公正现象，同时忽视其中的权力关系（Lees，待出版），这在迫切需要空间商品化的资本主义积累过程中非常明显。对我们来说，绅士化过程中的"秩序化和简化"（Clark，2005）仍然是研究的焦点。

在星球城市化过程中，资本主义形式的城市重建扩展到了全球各个角落，因而绅士化不可避免地成为城市场所建设的一部分。对我们来说，Neil Smith 关于绅士化这一命题的解释，并不是将西方的城市理论概念强加于南方国家，而是认识到这种积累和不平等的资本主义基本逻辑还没有变成，但又确实是全球性的，这种认识正在影响着人们的日常生活，他们的生活机会越来越多地受到政府和资本对建成环境开发利用方式的影响。就像 Spivak（2003：71-102）的"星球化"一样，我们也试图在绅士化研究中重新定义全球和全球化。在这个过程中，我们试图将绅士化的"比较"轴心，从欧美或西方转移并重新调整到全球，而不是南方国家。本书呈现了一种概念上和思想上的努力，在完全不同的背景下审视绅士化，并进行显性和隐性的比较（另见 Jazeel 和 McFarlane，2010：118；Robinson，2011c：129）。在此过程中，我们批判性地结合了学术全球化和资本全球化，但与此同时，也对某些不同的（如果存在相互联系的）不公正感兴趣。对大多数新兴比较城市主义者来说，这是对某些（南方世界/第三世界）城市忽视和错误认识的不公正；而对我们来说，这是一种阶级剥削的不公正。同时，忽视或曲解当地研究人员的见解，以及他们在对阶层极化的城市变迁过程中对城市现实进行解释所做的贡献，这也是一种不公正。为了直接解决这一问题，在全书中，我们广泛研究了其他学者的研究和观点，在结论中我们也将对这些学者表示感谢。然而，我们的论点是：

这两种不公正是不可分割的，我们现在需要找到一种具有政治冲击力的理论/概念和方法论。我们不仅仅想跨越对于地理位置的压制，还想要跨越人们在世界范围内被赶出城市的压制，这些人仅仅因为没有适应新城市世界的金钱、权力或是外表，就被社会所清洗。（Lees，待出版）

我们有什么收获

毫无疑问，我们已经了解到星球绅士化是复杂的。部分地区低收入居民开始边缘化（Wu，2004；Fang 和 Zhang，2003），而其他地区没有发生这一现象；事实上，由于多中心的存在，边缘化本身也需要重新定义，然而这超出了本书的范围。当前，绅士化越来越多地与住房和劳动力市场的规范化联系在一起（Winkler，2009），这也导致了贫民窟的绅士化（第6章）以及"复仇者"（恢复失地运动者）重新占领城市中心，特别是在南美洲。这种规范化大多与压制（Gaffney，待发表）以及城市中心的性别和种族复仇主义有关（Wright，2014；Swanson，2007）。相对于纽约（如 Smith，1996）这类在绅士化研究中处于统治地位的城市，北方国家的学者和社会活动家从南方世界的复仇主义中学到的更多。这种复仇主义在不同地方有些许不同——在墨西哥，复仇主义是政府试图控制被认为已经失控的公民社会；在巴基斯坦，军队是复仇者。在非民主社会中，例如处于军队控制之下的社会，复仇主义的含义还存在疑问。在里约热内卢，曾经镇压过贫民窟居民和街头小贩的城市控制特别小组，他们接受过军队训练并使用军事武器。

我们在进行广泛的城市比较时所担心的是，这将创造另一种服务于西方学术的城市经验的"帝国主义侵占"（Robinson，2011c：19），并将这种意识带回到北方国家。但是，鲜有南方国家的学术文献能为北方世界提供经验。在这里，我们给出了绅士化研究的另一种机会。

绅士化目前主要由国家和地方政府、资本主义开发商组成的联盟所主导，例如圣地亚哥，当地已经实施的划定红线和取消地租，为国际开发商创造了有利市场（López-Morales，2010、2011、2013a、2013b）。在中国和韩国等亚洲国家，以住房搬迁项目为基础的大规模都市重建过程，导致了大规模人口迁居（Fang 和 Zhang, 2003；Shin, 2009a、2009b；Shin 和 Kim, 2015）。在里约热内卢，自 20 世纪 90 年代初以来，整个城市系统服从于国家主导的、以服务经济为导向的经济重塑过程；这一举措旨在扭转后工业化阶段城市经济的衰退，但却造成大量的贫民窟居民拆迁安置，这些贫民窟已经建造、居住了数十年甚至一个世纪。这其中很大一部分涉及对土地所有权的重置，以提高南方和北方世界的住房拥有率。大量公共投资同样用于扩大空间资本（Rerat 和 Lees, 2011；Blanco 等, 2014），于此，绅士化研究能够回归早期关于中心性的探讨，并更新经济学论题（第 3 章）。

我们回顾了 Neil Smith 的观点，并赞同他的观点，即承认差异并不代表否认合理的概括性结论，在此我们讨论了大量新出现的案例和理论，以了解绅士化的最新进展。其中，绅士化现象的政治经济维度是我们讨论的前沿部分，因为新的政府-商业联盟已经控制了大量土地，新的、强大的空间治理允许资本流入，并且从地方空间转向全球空间。这是通过一系列政策工具实现的，例如零容忍监管政策（第 5 章），而我们认为，与三四十年前相比，上述情况正以更大的规模、更积极的国家政策取向形式发生。

我们在本书中分析的现象揭示了资本主义制度的规律性，即不断累积城市土地所产生的财富，垄断经济空间的社会生产，Smith 曾将其称为"潜在地租"。当时，这个概念仅仅是可能发生的绅士化现象的"预测器"，而今天"潜在地租"这一概念的政治复杂性，为我们了解绅士化提供了更多信息。事实上，租差理论是否能够预测北方国家代理人主导的绅士化现象？经过几十年的争论之后，今天来看，由于创造性解构（在绅士化过程中产生作用）的概念，揭示了资本引致的当地环境破坏与占据该空间的社会力量之间的日常斗争，租差理论不仅关乎衡量多种形式的土地开发、污名化、置换和排斥，以及许多城市再开发政策的结果，而且还与了解资本流入和流出在多大程度上改变社会空间有关。同时，这十年，在土地资本贬值和重估的循环中，资本主义危机的重要性可以再次得到强调，提醒我们从系统的角度理解城市发展过程是多么重要。在这种情况下，新兴的星球绅士化学术研究为当前的城市资本主义提供了有意义的分析指导，它告诉我们这个系统目前是如何运作和变化的，并且这可以从社会阶梯的顶端和底端，以及权力结构中看到。这就是绅士化研究为我们提供的一种在其他任何领域都很难找到的关系视角。

从南方和东方到北方和西方

有哪些新兴的、本土的或世界性的理论可以用于南方世界的绅士化，进而用于北方世界的绅士化呢？（Lees，2012：166）

Ananya Roy 在她 2009 年关于当代世界"新地理论"的论文中，呼吁大家"更全面地了解城市"，这样通过分析南方城市发展过程而产生的理论和想象，可以丰富我们对"所有城市"城市化过程的认识。同样，Gareth Myers（2014）也试图了解美国城市如何向非洲城市学习。在绅士化方面，北方/西方城市可以从南方/东方城市，以及从以此为研究对象的研究者身上学习到什么,这一点值得我们思考。

正如我们讨论的,在北方国家之外,绅士化正在与郊区化或边缘化同时发生,而不是作为对这些现象的反应。北方世界以外地区的绅士化过程,与其说是一种资本和人口(从郊区)"回城"运动——这种概念统治了数十年来西方的绅士化研究,不如说是一个无法脱离城市化本身的过程,这一过程伴随着郊区扩张以及现有城市空间利用的强化。星球绅士化不是一种对于郊区化的反应——事实上,这二者的边界越来越模糊,因为它们都同时存在于北方国家的城市发展过程中(Lees,2003,关于超级绅士化的郊区思维;Butler,2007b,关于伦敦 Docklands 的郊区绅士化)。特别是在南方许多城市猖獗的投机性城市化背景下,国家本身已经满足了绅士化群体的需求,同时也被牵涉到这些绅士化群体和他们的欲望的产生过程之中(另见 Ley 和 Teo,2014)。一些南方国家非常强调城市承载人们生活的作用,因此以意识形态的方式动员大量投资来推动城市化,这一过程使得对建成环境的投资与工业生产同等重要,甚至更为重要。城市化的理想进程以及不"回城"的理念,可能在北方国家也有许多簇拥者,因为这些地方在房地产商品金融化的推动下,投机性房地产资本占据了主导地位,虽然这种内生矛盾产生了周期性金融危机。

与西方一样,南方国家见证了新兴中产阶层正在崛起并成为"绅士化群体"。在一些国家,它们的"新"中产阶层与西方国家的中产阶层同时出现,而在另一些国家,他们是社会的新成员。在南方国家,不论是在后社会主义国家或发展主义国家,还是在市场导向的体制之下,新兴中产阶层的出现与现代化的不同时间路径有关(第 4 章)。全球新兴中产阶层绅士化群体不能被视为单一的"全球绅士化"阶层(Rofe,2003),因为不同地区的绅士化群体有着很大差异。某些地区的绅士化群体相对富裕,而也有的地区绅士化群体可能是低收入群体。在其他国家,新兴中产阶层是一个碎片化的群体,当中一部分人依靠房屋所有权积累固定资产,分享了经济发展的红利,而另一部分人在这一过程中却没有享受到同等的福利。无论如何,投机性城市积累过程为城市再开发提供了积极的视角(参阅绅士化),这种视角"形成于一种普遍流行的信念,即强调固定资产在向上的社会流动中的作用"(Ley 和 Teo,2014:1300),即使这一信念近期有一些疲软迹象。

在中国内地,当代绅士化群体的身份具有非常明显的复杂性。土地和住房商品化意味着城市居民可以"选择"他们居住的地方,当然这取决于他们的财富。而在此之前,人们的住房是由国家统一分配的。此外,还必须考虑中国的独生子女政策和中国传统家庭结构的延续,特别是财富的继承是如何影响年轻一代拥有住房所有权的。现代化政府的干预为绅士化创造了条件,因此也导致了对绅士化群体的需求:实际上,政府已经促成了绅士化群体产生,并且政府本身即为绅士化过程的领导力量。中国的新兴中产阶层不是一个单一的实体——这是一个具有差异化的阶层,其生活方式也存在多样性,包括保守派、传统派和自由派。Ren(2008)认为,在上海,中产阶层的驱动力并不是临近工作地点或者进取心,而是对其房产升值的预期经济回报,但这种情况在北京和上海以外的城市可能较少。经典的西方绅士化群体并没有照搬映射到南方国家的绅士化群体。正如 Rose(1984)此前指出的,我们需要在不同背景绅士化的改变中,不断审视、重新研究绅士化群体的特征(Lees、Slater 和 Wyly,2010:218-219)。

本书,我们强调了对星球绅士化中居民迁置问题的分析。总的来说,我们希望突出不同历史文化背景的重要性,并考虑它们如何对当代社会人口迁置的思想和感受产生影响。例如,中国20世纪六七十年代的"文化大革命"带来了大量人口迁置,人们至今还记忆犹新。这对中国人如何看待绅士化导致的迁移有何影响,改革开放前后对于城市发展产生了何种持续性影响?中国绅士化的研究者们还存在疑问。

类似的问题也存在于其他新兴、发展中的经济体,其中专制国家通过贫民窟拆迁和基础设施建设制造了大规模的拆迁,使搬迁成为人们生活中常见的活动。在北方国家,政府领导的绅士化进程所引致的动迁,在数量上要比Ruth Glass所描述的人口置换更为显著。Derek Hyra(2008)将美国由政府主导的公共住房项目中的绅士化称为"新城市更新",将我们带回到20世纪五六十年代联邦政府正在进行人口置换的美国内城,体现了回顾早期人口迁置问题的重要性。

在本书中,我们还重点分析了全球范围内正在发生的"贫民窟绅士化"(第6章),而这与一些发展地理学家的观点背道而驰,他们认为不存在贫民窟绅士化这一说法,尤其是在拉美城市,这一点我们在书中另有说明。但在这里更为重要的是,北方国家可以从南方国家的贫民窟绅士化中学到什么经验教训,反之亦然。其中一点是,无论贫民窟是正规的(例如伦敦的公共房屋或南非、智利的政府所建住宅区),还是非正规的(例如里约热内卢或是印度的贫民窟),在一定背景下,二者均可作为绅士化研究的对象。绅士化过程中,这些地区被认定为贫民窟,即使其中的居民不觉得自己生活在贫民窟(例如伦敦公共房屋的居民)。因此我们需要对"贫民窟"这一概念重新分析,而北方国家与南方国家的"贫民窟地理学"也需要进行对话与交流。我们需要更好地理解当前新世界中的贫民窟,而未来的研究也需要关注非正规的作用,正规与非正规过程与土地使用之间的流动,是否涉及所有权问题等。南方/东方国家贫民窟绅士化日趋增加,主要是由于国家的现代化目标以及对于新经济领域投资的需要,而这会对特定城市社会空间结构的稳定构成威胁,也会对整个城市系统造成影响。政府,连同国际资本和非政府组织,作为当前贫民窟绅士化政治和经济参与的重要部分,其作用是不可低估的。绅士化研究人员需要更加清楚地了解资本在绅士化过程中的流动,并且认识到,对国家投资贫民窟基础设施最有利的代理人就是活动于贫民窟内外的本地利益相关者,而这破坏了贫民窟居民的生活(Desai and Loftus, 2013)。

奇怪的转变是,亚洲、拉丁美洲和非洲的部分贫民窟(非正规住宅)正在经历绅士化的同时,在伦敦这样的城市,由于绅士化进程和房地产价格一路高涨,花园小屋或棚屋形式的非正规住房再次兴起。在伦敦,很多贫困的搬迁家庭住在小型花园棚屋中,这些棚屋多由不负责任的房东租出:

隐藏在伦敦东部 Forest Gate 售酒小铺后面的杂乱庭院,是一个四口之家居住的棚屋。Asah(化名)与她的丈夫和两个年幼的女儿居住在这个摇摇欲坠的小屋里,这个小屋是由房主非法建造的,用来租给像她这样走投无路的租户。全国各地有成千上万类似这样的建筑——里面住的大多是外来移民,因为除了生活在这些危险狭窄的环境中,他们别无选择——这样的建筑还在继续建造中。这类建筑被住房运动者称为英国的"现代贫民窟",或者更委婉地说,这是"带有床铺的小棚"。如今 37 岁的 Asah 经过漫长而无果的搜寻后,在商店橱窗找到了这个住处。租住这个空间狭小、只有两个房间的棚屋,她每个月需要支付 375 英镑。垃圾和大风吹掉的木块散落在庭院里,她的女儿们就在那里玩耍。"我知道住在这里并不好,但对我们来说已经足够了,并且,我们能够负担得起",她说,"孩子们在附近上学。我们也试过找其他住处,但是一无所获。"

我们可以看到,南方国家的贫民窟绅士化与北方国家新贫民窟的出现,同样具有讽刺意味。尽管 Asah 的故事发生在伦敦,但也可能会在任何一个南方城市的贫民窟中发生。在某种程度上,这表明今天的星球城市化不仅仅与增长、城市发展和"良好实践"有关,更多的是关于城市生产的非均衡,以及社会两极分化的复杂性。或许是当前资本主义城市转型过程中前所未有的主导力量,将南方和北方国家城市引入基本相似的再开发之路。事实上,这里的"绅士化",或是任何用于反映低收入人口被再中心化空间置换的过程的术语,是一个扩大社会不平等和两极分化(甚至比历史上更为严重)的过程。

但也许这个过程并不如我们想象中的那么"新",因为国家主导或私营企业集团主导大规模再开发,在南方城市(如首尔)更早存在,或者与北方城市同时存在。例如 Davidson 和 Lees(2005、2010)提出的"新建绅士化",发生在 20 世纪 80 年代的首尔,在英国和美国之前。我们甚至可以追溯一个逆向的故事,从南方世界城市开始巨型新建绅士化,然后向北方世界拓展,而现在我们认为两地实际上更加同步。

尽管在大多数情况下,各种绅士化蓝图已经通过国际机构、咨询顾问和政策迁移等方式从北方引入南方,例如拉丁美洲的零容忍监管政策,但是绅士化的过程和方式却是多变的,在南北方世界的城市之间也存在差异。20 世纪 70 年代,加尔各答将混合社区政策作为维持社会稳定的工具,这与今天的北方国家采取的方式相同。绅士化改造新兴城市中心的成功,取决于发展水平、全球力量的渗透、当地房地产市场和经济成熟度,以及当地市场与全球投资的联系程度。绅士化不一定只能在新自由主义国家中产生,因为许多资本主义政权可能通过空间商品化而在开发建成环境和其居民中都拥有同等的利益,但是新自由主义的运转毫无疑问会强化绅士化的可能性。

对星球绅士化的反抗

本书第 5 章和第 6 章对绅士化的阻力进行了一些讨论，但这并不是本书的重点，然而世界各地众多基层团体已经（现在仍然）对绅士化产生怀疑。因此，在本书结论中，我们希望：(1) 强调分析绅士化和抵制绅士化同样重要；(2) 作为项目的延伸，我们在此呼吁一种反绅士化抵抗的比较城市主义。这场争论的其中一部分是在全球范围内提出可行的替代方案，这一点我们将在下一节讨论。

正如本书所阐释的，绅士化是一种占用土地以服务于富裕人群利益的过程。对此仍然存在一些问题：城市属于谁，应该为谁而发展城市？这些都是政治责任的问题。尽管绅士化是一个重要的全球性过程，但很少有关于抵制绅士化的文章，更不要说关于成功抵制的文章了。在研究星球绅士化的过程中，我们明显发现，南方国家中对绅士化的反抗：(1) 并不新鲜；(2) 有时比北方国家更成功。这种反抗通常出现在社区或城市尺度，但有时也会上升到国家层面，例如南非的 Abahlali 运动（Cabannes 等，2010；Lees，2014b）。Hackworth 和 Smith（2001）的早期论述非常有趣，他们认为对绅士化的反抗已经销声匿迹了，而更有意思的是，韩国正在发生的抵制绅士化要早于西方绅士化研究学者对全球绅士化的讨论。20 世纪 80 年代，韩国就出现了对绅士化的抵制；它被有系统地组织起来，并得到民主运动、劳工运动等其他社会运动的支持（Kim，1998；Ha，2015；Shin 和 Kim，2015）。2008 年以后，这种抵制的主要参与者、抵制形式，以及与其他社会运动的互动，都有所增加和变化。

2013 年,发生在土耳其伊斯坦布尔塔克西姆广场(Taksim Square)的抵制绅士化运动,登上了当时的国际新闻头条(Angell、Hammond 和 van Dobben Schoon,2014)。自从纽约市汤普金斯广场公园骚乱以来(Smith,1996),反绅士化的抵制活动还没有成为过头条新闻。抗议活动开始于少数参与者试图阻止对格兹公园(Gezi Park)的拆除,这个公园是伊斯坦布尔塔克西姆广场仅存的几个绿地之一。抗议者同样也对土耳其大都市区快速的城市化进程感到不满。他们从批评 Erdogan 政府的新自由主义转向伊斯坦布尔正在经历的绅士化过程,认为这个计划对穷人、移民、库尔德人(Kurds)和罗姆人(Roma)居住的社区打击最大。当警察以极端暴力回应时,抗议活动愈演愈烈,数百万的示威者走上街头,在土耳其数十个城市举行抗议活动。该运动共有 8000 多人受伤,还有 6 名示威者和 1 名警察身亡。这导致为格兹公园进行的斗争进一步加剧,并发生了各种意想不到的结果,在匿名的城市居民的集体努力之下,一个公园变成了一块公共土地(Harvey,2012:73)。然而,对绅士化的抵制在伊斯坦布尔并不新鲜。İslam 和 Sakızlıoğlu(2015)深入讨论了在 Sulukule 和 Tarlabasi 两个社区早期发生的抵制案例。

在中国内地,城市居民越来越多地参与所谓的"维权"运动,特别是那些热衷于保护新住宅区的生活质量和财产价值的房主。居民对污染设施的抗议活动一直在增加,农村村民反对征用村庄土地的斗争也在增加。这种房主和村民的集体行为因为在反抗政府主导的城市化进程中所起的作用而受到学者的广泛关注(Chen 和 Webster,2005;Hess,2010;Lee,2008;Li 和 O'Brien,2008;Yip 和 Jiang,2011)。然而,中国内地新兴中产阶层的崛起是否能为对抗不合理的拆迁置换提供有利局面，还有待观察。政府所想象的是富裕的、新兴的中产阶层，他们越来越脱离工人阶层、农村村民和穷人群体（Shin，2014a：513-514）。鉴于此，有观点认为，应当重新构建不同于北方国家的城市权利理论。与经典的美国反绅士化运动中主要关注"居住的权利"（Hartman 等，1992；Hartman，1984）不同，在中国城市中，对于绅士化的抵制主要是围绕地理位置、安置房或货币补偿展开的。尽管这种经济斗争可能被激化，但这些权利主张往往是由强势群体和弱势群体共同构成的，关乎经济和安全，而不是针对国家本身（Shin，2013）。国家作为城市土地所有者在地位上往往超过城市居民，拥有住房的城市居民仅能在有限的时间内拥有土地使用权（住宅房产最高可达 70 年），因而国家对于土地和住房的要求通常会优先于个人的权利主张。此外，这个过程中的所有争议，都受到国家体制和法律框架中的不平等权力关系的影响，确定补偿和搬迁的法律程序往往更倾向于国家和企业的利益（Shih，2010；Zhang，2013）。制度和法律对这种异议进行了约束，而不是赋予人们权利（参见"Sakızlıoğlu 和 Uitermark，2014"关于迁置规则制度化和内化的论述）。

关于南方国家中抵制政府主导的绅士化的深入研究有很多，在这里我们呼吁读者们关注以下内容：对于波多黎各 Las Gladiolas 公共住房项目的抵制（Morales-Cruz，2012），该案例我们在第 5 章讨论过；巴里奥（barrio）妇女成功抵制当地"城市更新"项目的案例，该项目旨在推动加拉加斯（Caracas）旧市场（Old Market）地区绅士化，在北方世界，这样成功的案例是极少的；巴基斯坦沿海原住渔民社区运动（Pakistan Mahigeer Tahreek），该运动抵制巴基斯坦卡拉奇（Karachi）的迪拜开发商，最终开发商退出了当地大型房地产开发项目（Hasan，2012）。Betancur（2014）认为，与北方不同，拉丁美洲的绅士化也遇到了来自下层阶层生活自助/自我雇佣空间的强烈抵制。因此，绅士化进程比预期要局限得多（参见"Ley 和 Dobson，2008"关于绅士化局限性的讨论）。在利马（Lima），居民组织了"不搬迁的城市更新"运动（International Alliance of Inhabitants，2008），而在哥伦比亚，绅士化反对者将城市发展部门称为城市迁置中心。

我们并不认为每个地方的社会运动都需要在他们的口号中加入"绅士化"一词，因为人们已经认识到，尽管对于绅士化的认识不够深入，但绅士化已经是一个事实存在的过程（例子参见：Ley 和 Teo，2014；Shin 和 Kim，2015）。当下，在追求公共利益的过程中，人口迁置被视为不可避免的副产品，在此情况下，最重要的是消除城市再开发与社会进步画上等号的神话（另见 Tang，2008）。人口迁置以及因此而产生的绅士化，被认为是一个消极的过程，需要通过各种手段加以解决。如果没有官方认可，那就更难解决。

星球绅士化的替代

批判性的城市学问包括对现有城市知识和模式提出质疑，但也包括提出相应替代方案——不只是概念和认识论上的替代方案，还包括对绅士化的替代方案。关于抵制绅士化的讨论越来越多（例如 Janoschka 等，2014），但学术界几乎没有关于绅士化替代方案的讨论。当然，Marcuse（1986）曾提出将住房去商品化作为替代方案，但（西方意义上的）住房去商品化真的是一种可行的选择吗？我们可以设想一些可能的绅士化替代方案，包括地方政府保护和扩大可负担的（社会）住房、社区土地信托以保证永久性负担能力、引入反投机税以稳定租金、推出租客有限产权住房合作和城市政策,以及获取增加的土地价值,进而用于社会正义项目。但首先我们必须明白,土地投机现象并非以同样的方式到处存在。我们不仅需要比现在更多地了解从房地产获利的机会是如何产生的,还需要了解房地产市场投机性投资背后的时机、范围和代理人。我们认为无论何地的基层群众都能够从更深层次的绅士化研究中学习经验。

制定地方化的行动指南来挑战星球绅士化并提出替代方案,这需要批判性的学者和社会活动者重新思考,如何利用现有体制发挥其优势。国家性质及其与公民社会的关系,将成为影响考虑绅士化替代方式的重要因素。早在 2011 年,其中一位作者参加了在香港浸会大学举办的城市乌托邦主义国际研讨会,这次会议汇集了来自亚洲和欧洲的一些批评家。在研讨会期间进行了一场有趣的辩论,讨论了如何理解国家政府的问题。虽然大多数来自东南亚和东亚的学者对政府提出了严厉的批评,但斯堪的纳维亚的一位著名学者提出了一个问题,让听众思考与政府合作的可能性,而不是在考虑替代方案时把它放在一边。这样的辩论反映了每个地区国家政府长期以来的立场。斯堪的纳维亚的程序民主和参与式规划,使民间社会团体和基层组织能够积极参与。在瑞典,一些活动家对斯堪的纳维亚的新自由主义、私有化国家持谨慎态度。例如,一群瑞典学者和活动家使用 London Tenants Federation、Lees、Just Space 和 SNAG(2014)的小册子《伦敦公共住房的反绅士化手册》,并将其改写为针对从哥德堡到斯德哥尔摩的瑞典不同城市的手册。在这一点上,他们认为政府是绅士化倡导者,而不是绅士化的解决方案。也许应该针对世界范围内的特定城市和环境制定一些反绅士化手册。

为此,我们呼吁学者和活动家找出那些决定特定地区内绅士化轨迹的偶然因素，这些因素决定了社区、政府、地区和国家绅士化力量的特殊性，以便可以制定适应特定地点的反迁置、反绅士化计划和行动方案。不论发生绅士化的经济条件多么成熟，代理人的政治斗争决定了城市居民在可绅士化的城市化空间中的最终命运。这些斗争不可避免地要求制订本地化的行动计划（而不是"一刀切"的解决方案），旨在挑战政府霸权，这种霸权越来越多地与建成环境中的资本（再）投资有关，而建成环境的存在模式需要多样化以维持政府生存（Jessop，1982、2002b）。

巴西和哥伦比亚等一些发展中国家采用精心设计的政策，使政府能够从绅士化中获得部分潜在地租。我们认为，这种"土地价值获取政策"是一个很好的例子，可以深入研究替代绅士化的现实选择；然而，类似的政策在欧洲也存在，特别是伦敦，但它们并没有奏效（Lees，2014a）。虽然有些人可能认为"城市权利"是西欧的思想，甚至是中产阶级挪用来排斥底层群体的，但在社会运动中，这种城市权利能够有效对抗绅士化和投机性城市转型，并提出替代性主张。然而，考虑到星球城市化，"城市权利"（Shin，2014a）可能是一个更好的词，因为城市化社会已经超出了"城市"的行政边界（另见"Souza，2015"，该书进一步深化了这一点，呼吁全球权利）。这当中，城市的政治治理是关键。

现有的冲突需要将其置于每个地方的不同背景之中，从时间、空间和阶层维度上进行批判性的理解，同时还要按照行使权利的方式来作为史实对待。在乌拉圭的蒙得维的亚和阿根廷的布宜诺斯艾利斯，互助住房合作社在这些城市的市中心更新中发挥了核心作用，因此这些城市的迁置率远低于拉丁美洲其他地区。这些城市的住房合作社展示了一种不让低收入租户迁走的城市更新方式（DíazParra 和 Rabasco，2013）。草根阶层同时扮演房地产经纪人、土地购买者、开发商和建筑商的角色，利用他们的工人基层文化资本，甚至是当地人的建筑技能来组织社区。

我们需要关注的是城市变化影响世界各地城市、郊区和农村社区的实际经验，而不是争论什么是或不是绅士化。对学术研究和社会运动来说，揭示星球城市化影响的关联性非常重要，当代全球范围内的城市化驱动正在影响着所有群体，无论他们生活在哪里。正如 Shin（2014a：515）所指出的：

> 持反对意见的人需要学习中国社会资本积累的基本逻辑，它是如何产生发展国家主义和新自由主义的结合体的，以及部分城市居民的命运如何与部分工人、村民等人的命运紧密相连，受到面向城市的资本积累的剥削。

我们需要解开"全球绅士化思维方式"，我们也需要再次通过反文化的方式，寻求前沿的解决方案和见解，跳出对社会的假设，通过思考并提出现实可行的替代方案来推动社会和城市的改变。Buck-Morss（2003：11）曾写过全球左翼"拓展话语领域"的可能性。正如 McFarlane（2011：10）所说，"在不同背景下解读理论，能够将这些理论与社会改变的可能性联系起来"。让社会变得更好——本书正是以此为目标和驱动力。也正如 Lefebvre（1996：172）所说，"在某种程度上，我们可以描绘出未来城市的轮廓——将当前形势逆转，将世界形象颠覆。"

参考文献

Aalbers, M. (2011) *Place, exclusion and mortgage markets.* Wiley-Blackwell, Oxford.

ACHR (Asia Coalition for Housing Rights) (1989) Evictions in Seoul, South Korea. *Environment and Urbanization* 1(1), 89–94.

Akinsami, G. (2013) Clinton: Eko Atlantic City, destination for global investment. *This Day Live* (http://www.thisdaylive.com/articles/clinton-eko-atlantic-city-destination-for-global-investment/140277/)

Alexandri, G. (2015) Unravelling the yarn of gentrification trends in the contested inner city of Athens. In Lees, L., Shin, H. B. and López-Morales, E. (eds.) *Global gentrifications: Uneven development and displacement.* Policy Press, Bristol, pp. 19–35.

Alonso, A. (1964) *Location and land use: Toward a general theory of land rent.* Harvard University Press, Cambridge.

Álvarez-Rivadulla, M. J. (2007). Golden ghettos: Gated communities and class residential segregation in Montevideo, Uruguay. *Environment and Planning A* 39(1), 47–63.

Angell, E., Hammond, T. and Van Dobben Schoon, D. (2014) Assembling Istanbul: Buildings and bodies in a world city. *City* 18(6), 644–54.

Arabindoo, P. (2011) Rhetoric of the 'slum': Rethinking urban poverty. *City* 15(6), 637–46.

Arnouts, R. and Arts, B. (2009) Environmental governance failure: The 'dark side' of an essentially optimistic concept. In Arts, B., Lagendijk, A. and van Houtum, H. (eds.) *In the disoriented state: Shifts in governmentality, territoriality and governance.* Springer, Dordrecht, pp. 201–28.

Arrighi, G. (2009) China's market economy in the long-run. In Hung, H-f. (ed.) *China and the Transformation of Global Capitalism.* Johns Hopkins University Press, Baltimore, pp. 22–49.

Arts, B., Lagendijk, A. and van Houtum, H. (2009) (eds.) *In the disoriented state: Shifts in governmentality, territoriality and governance.* Springer, Dordrecht.

Ascensao, E. (2015) Slum gentrification in Lisbon, Portugal: Displacement and the imagined futures of an informal settlement. In L. Lees, H. B. Shin and E. López-Morales (eds.) *Global gentrifications: Uneven development and displacement.* Policy Press, Bristol, pp. 37–58.

Atkinson, R. (2003) Domestication by cappuccino or a revenge on urban space? Control and empowerment in the management of public space. *Urban Studies* 40(9), 1829–43.

Atkinson, R. and Bridge, G. (2005) (eds.) *Gentrification in a global context: The new urban colonialism*. Routledge, London.

Badyina, A. and Golubchikov, O. (2005) Gentrification in central Moscow – a market process or a deliberate policy? Money, power and people in housing regeneration in Ostozhenka. *Geografiska Annaler: Series B Human Geography* 87(2), 113–129.

Ballard, R. (2012) Geographies of development: Without the poor. *Progress in Human Geography* 36(5), 563–72.

Bartolome, L. J., de Wet, C., Mander, H. and Nagaraj, V. K. (2000) *Displacement, resettlement, rehabilitation, reparation and development*. Final draft prepared for the World Commission on Dams. Cape Town: World Commission on Dams.

Baviskar, A. (2007) Demolishing Delhi: World-class city in the making. In Batra, L. (ed.) *The Urban poor in globalising India: Dispossession and marginalisation*, Delhi, South Asian Dialogues on Ecological Democracy and Vasudhaiva Kutumbakam Publications.

Beauregard, R. (2003) City of superlatives. *City and Community* 2(3), 183–99.

Betancur, J. (2014) Gentrification in Latin America: Overview and critical analysis. *Urban Studies Research* DOI: 10.1155/2014/986961

Biel, R. (2000) *The new imperialism: Crisis and contradictions in North–South relations*. Zed, London.

Blanco, I. (2009) Does a 'Barcelona Model' really exist? *Local Government Studies* 35(3), 355–69.

Blanco, J., Bosoer, L. and Apaolaza, R. (2014) Gentrificación, movilidad y transporte: aproximaciones conceptuales y ejes de indagación. *Revista de Geografía Norte Grande* 58, 41–53.

Blaut, J. (1993) *The colonizer's model of the world: Geographical diffusionism and Eurocentric history*. Guilford, New York.

Boddy, M. (2007) Designer neighbourhoods: New-build residential development in non-metropolitan UK cities – the case of Bristol. *Environment and Planning A* 39(1), 86–105.

Bogaert, K. (2013) Cities without slums in Morocco? New modalities of urban governance and the bidonville as a neoliberal assemblage. In Samara, T., He, S. and Chen, G. (eds.) *Right to the city in the global South: Transnational urban governance and socio-spatial transformations*. Routledge, New York, pp. 41–59.

Bondi, L. (1991) Gender divisions and gentrification: A critique. *Transactions of the Institute of British Geographers* 16(2), 190–8.

Booyens, I. (2012) Creative industries, inequality and social development: Developments, impacts and challenges in Cape Town. *Urban Forum* 23(1), 43–60.

Bose, P. S. (2014) *Urban development in India: Global Indians in the remaking of Kolkata*.

Routledge, London and New York City.

___ (2013) Bourgeois environmentalism, leftist development, and neoliberal urbanism in the city of joy. In Samara, T., He, S. and Chen, G. (eds.) *Right to the city in the global South: Transnational urban governance and socio-spatial transformations*. Routledge, New York, pp. 127–51.

Brenner, N. (2009) What is critical urban theory? *City* 13(2–3), 198–207.

Brenner, N., Marcuse, P. and Mayer, M. (2012) (eds.) *Cities for people, not for profit: Critical urban theory and the right to the city*. Routledge, London.

Brenner, N., Peck, J. and Theodore, N. (2010) Variegated neoliberalization: Geographies, modalities, pathways. *Global Networks* 10(2), 1–41.

Brenner, N. and Schmid, C. (2012) Planetary urbanization. In Gandy, M. (ed.) *Urban Constellations*. Jovis, Berlin, pp. 10–13.

___ (2014) The 'urban age' in question. *International Journal of Urban and Regional Research* 38(3), 731–55.

___ (2015) Towards a new epistemology of the urban? *City* 19(2–3), 151–82.

Brenner, N. and Theodore, N. (2002) Cities and the geographies of 'actually existing neoliberalism'. *Antipode* 33(3), 349–79.

Bridge, G. (2007) A global gentrifier class? *Environment and Planning A* 39(1), 32–46.

___ (2001) Bourdieu, rational action and the time–space strategy of gentrification. *Transactions of the Institute of British Geographers* 26(2): 205–16

Bridge, G., Butler, T. and Lees, L. (2011) (eds.) *Mixed communities: Gentrification by stealth?* Policy Press, Bristol.

Briggs, L. (2002) *Reproducing empire: Race, sex, science and US imperialism in Puerto Rico*. University of California Press, Berkeley.

Brosius, C. (2010) *India's middle class: New forms of urban leisure, consumption and prosperity*. Routledge, New Delhi.

Broudehoux, A-M. (2007) Spectacular Beijing: The conspicuous construction of an Olympic metropolis. *Journal of Urban Affairs* 29(4), 383–99.

___ (2004) *The making and selling of post-Mao Beijing*. Routledge, London.

Buck-Morss, S. (2003) *Thinking past terror: Islamism and critical theory on the left*. Verso, London.

Bunnell, T., Goh, D., Lai, C. K. and Pow, C. P. (2012) Introduction: Global urban frontiers? Asian cities in theory, practice and imagination. *Urban Studies* 49(13), 2785–93.

Burdett, R. and Sudjic, D. (2011) (eds.) *Living in the endless city: The urban age project by the London School of Economics and Deutsche Bank's Alfred Herrhausen Society*. Phaidon Press, London.

Butler, T. (2010) Gentrification and globalization: The emergence of a middle range theory? (http://blogs.sciences-po.fr/recherche-villes/files/2010/01/cahier_ville_0514.pdf)

___ (2007a) For gentrification? *Environment and Planning A* 39(1), 162–81.

___ (2007b) Re-urbanizing London Docklands: Gentrification, suburbanization or new urbanism? *International Journal of Urban and Regional Research* 31(4), 759–81.

___ (2003) Living in the bubble: Gentrification and its 'others' in London. *Urban Studies* 40, 12: 2469–86.

___ (1997) *Gentrification and the middle classes*. Ashgate, Aldershot.

Butler, T. and Lees, L. (2006) Super-gentrification in Barnsbury, London: Globalisation and gentrifying global elites at the neighbourhood level. *Transactions of the Institute of British Geographers* 31, 467–87.

Cabannes, Y., Yafai, S. G., and Johnson, C. (2010) *How people face evictions*, Development and Planning *Unit*, University College London, London.

Cain, A. (2014) African urban fantasies: Past lessons and emerging realities. *Environment and Urbanization* 26(2), 561–67.

Calthorpe, P. (1993) *The next American metropolis: Ecology, community, and the American dream*. Princeton Architectural Press, New York.

Carbajal, N., Fernández-Dávila, T., Florez, R. and Zubiate, M. (2003) Regeneración Urbana en Guayaquil. *Medio de Construcción, Informe Especial* 173/174, Febrero/Marzo.

Cardoso, F. H. and Faletto, E. (1979) *Dependency and development in Latin America*. University of California Press, Berkeley.

Cartier, C. (2011) Neoliberalism and the neoauthoritarian city in China – Contexts and research directions. *Urban Geography* 32(8), 1110–21.

Castells, M. (1974) *La lucha de clases en Chile*. Siglo XXI, Buenos Aires.

___ (1973) Movimiento de pobladores y lucha de clases en Chile. *EURE* 3(7), 9–35.

Caulfield, J. (1994) *City form and everyday life: Toronto's gentrification and critical social practice*. University of Toronto Press, Toronto, Canada.

Cervero, R. and Murakami, J. (2009) Rail and property development in Hong Kong: Experiences and extensions. *Urban Studies* 46(10), 2019–43.

Chakrabarty, D. (2000) *Provincializing Europe: postcolonial thought and historical difference*. Princeton University Press, Princeton.

Chakravarty, S. and Qamhaieh, A. (2015) City upgraded: Redesigning and disciplining downtown Abu Dhabi. In Lees, L., Shin, H. B. and López-Morales, E. (eds.) *Global gentrifications: Uneven development and displacement*. Policy Press, Bristol, pp. 59–80.

Chang, T. C. and Teo, P. (2009) The Shophouse Hotel: Vernacular heritage in a creative city. *Urban*

Studies 46(2), 341–67.

Chang, T. C. and Huang, S. (2005) Recreating place, replacing memory: Creative destruction at the Singapore River. *Asia Pacific Viewpoint* 46(3), 267–80.

Charles, S. L. (2011) Suburban gentrification: Understanding the determinants of single-family residential redevelopment, a case study of the inner-ring suburbs of Chicago, IL, 2000–10. Working paper no. W11–1. Joint Center for Housing Studies, Harvard University.

Chateau, J. and Pozo, H. (1987) Los Pobladores en el Área Metropolitana: Situación y Características. *Espacio y Poder: Los Pobladores*. Facultad Latinoamericana de Ciencias Sociales-FLACSO, Santiago, 13–71.

Chatterjee, P. (2006) *The politics of the governed: Reflections on popular politics in most of the world*. Columbia University Press, New York.

Chen, C. Y. and Webster, C. J. (2005) Homeowners' associations, collective action and the costs of private governance. *Housing Studies* 20(2), 205–20.

Chen, F. (2011) Traditional architectural forms in market oriented Chinese cities: Place for localities or symbol of culture? *Habitat International* 35(2), 410–18.

Chen, J. (2013) *A middle class without democracy: Economic growth and the prospects of democratization in China.* Oxford University Press, Oxford.

Chen, K-H. (2010) *Asia as method: Toward deimperialization*. Duke University Press.

Cheng, Z. (2012) The changing and different patterns of urban redevelopment in China: A study of three inner-city neighbourhoods. *Community Development* 43(4), 430–50.

Choi, N. (2014) Metro Manila through the gentrification lens: Disparities in urban planning and displacement risks. *Urban Studies* DOI: 10.1177/0042098014543032

Chung, H. and Unger, J. (2013) The Guangdong model of urbanisation: Collective village land and the making of a new middle class. *China Perspectives* 2013/3, 33–41.

Clark, E. (2005) The order and simplicity of gentrification – a political challenge. In Atkinson, R. and Bridge, G. (eds.) *Gentrification in a global context: The new urban colonialism*. Routledge, London, pp. 256–64.

___ (1987) *The rent gap and urban change: Case studies in Malmö 1860–1985.* Lund University Press, Lund.

Clarke, N. (2012) Actually existing comparative urbanism: Limitation and cosmopolitanism in North-South interurban partnerships. *Urban Geography* 33(6), 796–815.

Cochrane, A. (2007) *Understanding urban policy*. Blackwell, Oxford.

COHRE (2007) *Fair play for housing rights: Mega-events, Olympic Games and housing rights.* Centre on Housing Rights and Evictions, Geneva.

___ (2006) *Forced evictions: Violations of human rights, 2003–6.* Centre on Housing Rights and

Evictions, Geneva.

Contreras, Y. (2011). La recuperación urbana y residencial del centro de Santiago: Nuevos habitantes, cambios socioespaciales significativos. *EURE*, 37(112), 89–113.

Cuenya, B. and Corral, M. (2011) Empresarialismo, economía del suelo y grandes proyectos urbanos: El modelo de Puerto Madero en Buenos Aires. *EURE* 37(111), 25–45.

Cummings, J. (2015) Confronting Favela Chic: the Gentrification of Informal Settlements in Rio de Janeiro, Brazil. In Lees, L., Shin, H. B. and López-Morales, E. (eds.) *Global gentrifications: Uneven development and displacement*. Policy Press, Bristol, pp. 81–99.

___ (2013) Confronting the favela chic: gentrification of informal settlements in Rio de Janeiro, Brazil. Thesis submitted to the Department of Urban Planning and Design, Harvard University Graduate School of Design.

Cunningham, S. (2009) Trojan horse or Rorschach blot? Creative industries discourse around the world. *International Journal of Cultural Policy* 15(4), 375–86.

Darling, E. (2005) The city in the country: Wilderness gentrification and the rent gap. *Environment and Planning A* 37(6), 1015–32.

Datta, A. (2015) New urban utopias of postcolonial India: 'Entrepreneurial urbanization' in Dholera smart city, Gujarat. *Dialogues in Human Geography* 5(1), 3–22.

Davidson, C. (2009) Abu Dhabi's new economy: Oil, investment and domestic development. *Middle East Policy* 16(2), 59–79.

Davidson, M. (2007) Gentrification as global habitat: A process of class formation or corporate creation? *Transactions of the Institute of British Geographers* 32, 490–506.

Davidson, M. and Lees, L. (2010) New-build gentrification: Its histories, trajectories, and critical geographies. *Population, Space and Place* 16, 395–411.

___ (2005) New-build 'gentrification' and London's riverside renaissance. *Environment and Planning A* 37, 1165–90.

Davis, L. K. (2011) International events and mass evictions: A longer view. *International Journal of Urban and Regional Research* 35(3), 582–99.

Davis, M. (2006a) Fear and money in Dubai. *New Left Review* 41, 47–68.

___ (2006b) *Planet of Slums*. Verso, London.

Dear, M. (2003) The Los Angeles School of urbanism: An intellectual history. *Urban Geography* 24(6), 493–509.

Degen, M. and García, M. (2012) The transformation of the 'Barcelona Model': An analysis of culture, urban regeneration and governance. *International Journal of Urban and Regional Research* 36(5), 1022–38.

Delgadillo, V. (forthcoming) Is Mexico City and its historic core becoming gentrified? *Urban*

Geography, a special issue on Latin American gentrification, edited by López-Morales, E., Shin, H. B. and Lees, L.

___ (2014) Ciudad de México: Megaproyectos urbanos, negocios privados y resistencia social. In Hidalgo, R. and Janoschka, M. (eds.) *La ciudad neoliberal: gentrificación y exclusión en Santiago de Chile, Buenos Aires, Ciudad de Mexico y Madrid.* Universidad Católica, Santiago, pp. 199–215.

Desai, V. and Loftus, A. (2013) Speculating on slums: Infrastructural fixes in informal housing in the global South. *Antipode* 45(4), 789–808.

De Soto, H. (2000) *The Mystery of Capital: Why Capitalism Triumphs in the West and Fails Everywhere Else.* Basic Books, New York.

Díaz Parra, I. and Rabasco, P. (2013) Revitalización sin gentrificación? Cooperativas de vivienda por ayuda mutua en los centros de Buenos Aires y Montevideo. *Cuadernos Geográficos* 52(2): http://revistaseug.ugr.es/index.php/cuadgeo/article/view/1516/1731

D'Monte, D. (2011) A matter of people. In Burdett, R., and Sudjic, D. (eds.) *Living in the Endless City: The Urban Age Project by the London School of Economics and Deutsche Bank's Alfred Herrhausen Society.* Phaidon Press, London, pp. 94–101.

Dolowitz, D. and Marsh, D. (2000) Learning from abroad: The role of policy transfer in contemporary policy-making. *Governance: An international journal of policy, administration, and institutions* 13(1), 5–23.

Dos Santos Junior, O. and dos Santos, M. (2014) The right to housing, the 2014 World Cup and the 2016 Olympics: Reflections on the case of Rio de Janeiro, Brazil. In Queiroz Ribeiro, L. (ed.) *The Metropolis of Rio de Janeiro: A space in transition.* Letra Capital, Rio de Janeiro.

Doshi, S. (2015) Rethinking gentrification in India: Displacement, dispossession and the specter of development. In Lees, L., Shin, H. B. and López-Morales, E. (eds.) *Global gentrifications: Uneven development and displacement.* Policy Press, Bristol, pp. 101–19.

___ (2013) The politics of the evicted: Redevelopment, subjectivity, and difference in Mumbai's slum frontier. *Antipode* 45(4), 844–65.

Duckett, J. (1998) *The entrepreneurial state in China: Real estate and commerce departments in reform era Tianjin.* Routledge, London.

Duncan, J. and D. Ley (1982) Structural marxism and human geography: A critical assessment. *Annals of the Association of American Geographers* 72(1), 30–59.

Dutton, P. (2005) Outside the metropole: Gentrification in provincial cities or provincial gentrification? in R. Atkinson and G. Bridge (eds.) *Gentrification in a Global Context: The New Urban Colonialism* (London: Routledge) pp. 209–24.

___ (2003) Leeds calling: The influence of London on the gentrification of regional cities. *Urban Studies* 40(12), 2557–72.

Elshahed, M. (2015) The prospects of gentrification in downtown Cairo: Artists, private investment and the neglectful state. In Lees, L., Shin, H. B. and López-Morales, E. (eds.) *Global gentrifications: Uneven development and displacement*. Policy Press, Bristol, pp. 121–42.

Fang, K. and Zhang, Y. (2003) Plan and market mismatch: Urban redevelopment in Beijing during a period of transition. *Asia Pacific Viewpoint* 44(2), 149–162.

Ferguson, J. (2009) The uses of neoliberalism. *Antipode* 41(6), 166–184.

Fernandes, L. (2006) *India's new middle class: Democratic politics in an era of economic reform*. University of Minnesota Press: Minneapolis.

___ (2009) The political economy of lifestyle: Consumption, India's new middle class and state-led development. In Meier, L. and Lang, L. (eds.) *The new middle classes: Globalizing lifestyles, consumerism and environmental concern*. Spinger, pp. 219–36.

Fernández Arrigiota, M. (2010) Constructing 'the other', practicing resistance: Public housing and community politics in Puerto Rico. PhD thesis, The London School of Economics and Political Science.

Florida, R. (2002) *The rise of the creative class and how it's transforming work, leisure and everyday life*. Basic Books, New York.

Fraser, J. and Nelson, M. H. (2008) Can mixed-income housing ameliorate concentrated poverty? The significance of a geographically informed sense of community. *Geography Compass* 2(6), 2127–44.

Freeman, L. (2006) *There goes the Hood: Views of gentrification from the ground up*. Temple University Press, Philadelphia.

Fyfe, N. (2004) Zero tolerance, maximum surveillance? Deviance, difference and crime control in the late modern city. In Lees, L. (ed.) *The Emancipatory City? Paradoxes and possibilities*. Sage, London, pp. 40–56.

Gaffney, C. (forthcoming) Forging the Rings: Rio de Janeiro's pre-Olympic real-estate landscape. *Urban Geography*, special issue on Latin American gentrification, edited by E. López-Morales, H. B. Shin and L. Lees.

Garcia-Ramon, M. D. and Albet, A. (2000) Commentary: Pre-Olympics and post-Olympics Barcelona, a 'model' for urban regeneration today? *Environment and Planning A* 32, 1331–4.

Gatica, J. (1989) *Deindustrialization in Chile*. Westview Press, Boulder, San Francisco and London.

Ghertner, A. (2011) Gentrifying the state, gentrifying participation: Elite governance programs in Delhi. *International Journal of Urban and Regional Research* 35(3), 504–32.

Glass, R. (1964a) (ed.) *London: Aspects of change*. MacGibbon and Kee, London.

___ (1964b) *Urban–rural differences in Southern Asia: some aspects and methods of analysis*. UNESCO Research Centre on Social and Economic Development in Southern Asia.

Glassman, J. and Choi, Y-J (2014) The chaebol and the US military–industrial complex: Cold war geo-political economy and South Korean industrialization, *Environment and Planning A* 46(5), 1160–80.

Goetz, E. G. (2010) Desegregation in 3D: Displacement, dispersal and development in American public housing. *Housing Studies* 25(2), 137–58.

Goldman, M. (2011) Speculative urbanism and the making of the next world city. *International Journal of Urban and Regional Research* 35(3), 555–81.

Gómez, M. and González, S. (2001) A reply to Beatriz Plaza's 'The Guggenheim-Bilbao Museum effect'. *International Journal of Urban and Regional Research* 25(4), 898–900.

González, S. (2011) Bilbao and Barcelona 'in motion' : How urban regeneration 'models' travel and mutate in the global flows of policy tourism. *Urban Studies* 48(7), 1397–418.

Graham, S. (2004) (ed.) *Cities, war and terrorism: Towards an urban geopolitics*. Blackwell, Cambridge.

Gramsci, A. (1971) *Selections from the Prison Notebooks*. Translated by Geoffrey Nowell Smith and Quintin Hoare. Lawrence and Wishart Limited, London.

Grimsrud, G. M. (2011) How well does the 'counter-urbanisation story' travel to other countries? The case of Norway. *Population, Space and Place* 17(5), 642–55.

Gwan'ak District Assembly (1996) *Minutes of an interim meeting: Construction committee*. Dated 28 October. Gwan'ak District Assembly, Seoul.

Ha, S-K. (2015) The endogenous dynamics of urban renewal and gentrification in Seoul. In Lees, L., Shin, H. B. and López-Morales, E. (eds.) *Global gentrifications: Uneven development and displacement*. Policy Press, Bristol, pp. 165–80.

___ (2001) Substandard settlements and joint redevelopment projects in Seoul. *Habitat International* 25, 385–97.

Hackworth, J. (2007). *The neoliberal city: Governance, ideology, and development in American Urbanism*. Cornell University Press, New York.

Hackworth, J. and Smith, N. (2001) The changing state of gentrification. *Tijdschrift poor Economische en Sociale Geografie* 92(4), 464–77.

Hajer, M. (1995) *The politics of environmental discourse: Ecological modernization and the policy process*. Clarendon Press, Oxford.

Hall, P. (1999) *Cities in civilization: Culture, innovation and urban order*. Phoenix Giant, London.

Hall, R. (2012) Housing crisis causes surge in sheds with beds. *Independent* 10 May: http://www.independent.co.uk/news/uk/home-news/housing-crisis-causes-surge-in-sheds-with-beds-7729179.html

Hamnett, C. (2003) Gentrification and the middle class remaking of inner London, 1961–2001. *Urban Studies* 40(12), 2401–26.

Harris, A. (2012) The metonymic urbanism of twenty-first-century Mumbai. *Urban Studies* 49(13), 2955–73.

___ (2008). From London to Mumbai and back again: Gentrification and public policy in comparative perspective. *Urban Studies* 45(12), 2407–28.

Hart, G. (2004) Geography and development: Critical ethnographies. *Progress in Human Geography* 28, 91–100.

Hartman, C. (1984) The right to stay put. In Geisler, C. C. and Popper, F. (eds.) *Land reform, American style*. Rowman and Allanheld, Totowa, NJ, pp. 302–18.

Hartman, C., Keating, D. and LeGates, R. (1982) *Displacement: How to fight it*. National Housing Law Project, Washington, DC.

Harvey, D. (2012) *Rebel cities: From the right to the city to the urban revolution*. Verso Books, London.

___ (2010a) *The enigma of capital and the crises of capitalism*. Profile Books, London.

___ (2010b) The right to the city: From capital surplus to accumulation by dispossession. In Banerjee-Guha, S. (ed.) *Accumulation by dispossession: Transformative cities in the new global order*. SAGE, London, pp. 17–32.

___ (2007) *A brief history of neoliberalism*. Oxford University Press, Oxford.

___ (2005) *The new imperialism*. Oxford University Press, Oxford.

___ (1989a) *The urban experience*. Johns Hopkins University Press, Baltimore, London.

___ (1989b) From managerialism to entrepreneurialism: The transformation of urban governance in late capitalism. *Geografiska Annaler* 71B, 3–17.

___ (1982) *The Limits to Capital*. Blackwell, Oxford.

___ (1978) The urban process under capitalism: A framework for analysis. *International Journal of Urban and Regional Research* 2(1–4), 101–31.

___ (1973) *Social Justice and the City*. Edward Arnold, London.

Hasan, A. (2012) The gentrification of Karachi's coastline, unpublished paper for London Workshop 'Towards an emerging geography of gentrification in the global south' 23–4 March, London: http://arifhasan.org/wp-content/uploads/2012/08/P16_Gentrification-Karachi-Coastline.pdf

Haugaard, M. (2006) Conceptual confrontation. In Haugaard, M. and Lentner, H. (eds.) *Hegemony and power: Consensus and coercion in contemporary politics*. Lexington Books, Oxford, pp. 3–19.

Hayllar, M. R. (2010) Who owns culture and heritage? Observations on Hong Kong's experience. *International Journal of Public Policy* 5(1), 24–40.

He, S. (2012) Two waves of gentrification and emerging rights issues in Guangzhou, China.

Environment and Planning A 44(12), 2817–33.

Healey, P., Davoudi, S., O'Toole, M., Tavsanoglu, S. and Usher, D. (1992) *Rebuilding the city: Property-led urban regeneration*. E&FN Spon, London.

Heidegger, M. (1927/1996) trans. *Joan Stambaugh Being and Time: A Translation of Sein und Zeit*. SUNY Press, Albany.

Herzer, H. (2008) (ed.) *Con el Corazon Mirando al Sur: transformaciones en el Sur de la Ciudad de Buenos Aires*. Espacio Editorial: Buenos Aires, Argentina.

Herzer, H., Di Virgilio, M. M. and Rodríguez, M. C. (2015) Gentrification in Buenos Aires: global trends and local features. In Lees, L., Shin, H. B. and López-Morales, E. (eds.) *Global gentrifications: Uneven development and displacement*. Policy Press, Bristol, pp. 199–222.

Hess, S. (2010) Nail-houses, land rights, and frames of injustice on China's protest landscape. *Asian Survey* 50(5), 908–26.

Holston, J. (2008). *Insurgent Citizenship: Disjunctions of democracy and modernity in Brazil*. Princeton University Press, Princeton and Oxford.

Hsing, Y-t. (2010) *The great urban transformation: Politics of land and property in China*. Oxford University Press, Oxford.

Hsu, J-y. and Hsu, Y-h. (2013) State transformation, policy learning, and exclusive displacement in the process of urban redevelopment in Taiwan. *Urban Geography* 34(5), 677–698.

Huang, L. (2015) Promoting private interest by public hands? The gentrification of public lands by housing policies in Taipei City. In Lees, L., Shin, H. B. and López-Morales, E. (eds.) *Global gentrifications: Uneven development and displacement*. Policy Press, Bristol, pp. 223–44.

Huang, X. and Yang, Y. (2010) The characteristics and forming mechanisms of gentrification in cities of Western China: The case study in Chengdu city (in Chinese). *Progress in Geography* (dili kexue jinzhan) 29(12), 1532–40.

Hyra, D. (2008) *The new urban renewal: The economic transformation of Harlem and Bronzeville*. University of Chicago Press, Chicago.

Innes, M. (1999) An iron fist in an iron glove? The zero tolerance policing debate. *The Howard Journal* 38, 397–410.

International Alliance of Inhabitants (2008) Vigilias por el derecho a vivir en el centro histórico de Lima. 2 October: http://esp.habitants.org/campana_cero_desalojos/

Inzulza-Contardo, J. (2012) 'Latino gentrification' ?: focusing on physical and socioeconomic patterns of change in Latin American inner cities. *Urban Studies* 49(10), 2085–107.

Iossifova, D. (2009) Negotiating livelihoods in a city of difference: narratives of gentrification in Shanghai. *Critical Planning* 16(2), 99–116.

İslam, T. and Sakızlıoğlu, B. (2015) The making of, and resistance to, state-led gentrification in

Istanbul, Turkey. In Lees, L., Shin, H. B. and López-Morales, E. (eds.) *Global gentrifications: Uneven development and displacement*. Policy Press, Bristol, pp. 245–64.

Jacobs, J. (1961) *The death and life of great American cities*. Random House, New York.

Janoschka, M., Sequera, J. and Salinas, L. (2014) Gentrification in Spain and Latin America – a critical dialogue. *International Journal of Urban and Regional Research* DOI: 10.1111/1468-27.12030

Jaramillo, S. (2008). *Hacia una teoría de la renta de suelo urbano*. Uniandes, Bogotá.

Jazeel, T. and McFarlane, C. (2010) The limits of responsibility: A postcolonial politics of academic knowledge production. *Transactions, Institute of British Geographers* 35(1), 109–24.

Jessop, B. (2002a) Liberalism, neoliberalism, and urban governance: A state theoretical perspective. *Antipode* 34, 452–72.

___ (2002b) *The future of the capitalist state*. Polity, Cambridge.

___ (1982) *The capitalist state*. Martin Robertson and Company, Oxford.

Joseph, M. (2006) Is mixed-income development an antidote to urban poverty? *Housing Policy Debate*, 17(2), 209–34.

Jou, S-C., Clark, E. and Chen, H-W. (2014) Gentrification and revanchist urbanism in Taipei? *Urban Studies*: http://dx.doi.org/10.1177/0042098014541970

Kaviraj, S. (1997) Filth and the public sphere: Concepts and practices about space in Calcutta. *Public Culture* 10(1), 83–113.

Keil, R. (2013) (ed.) *Suburban constellations: Governance, land and infrastructure in the 21st century*. Jovis, Berlin.

Kelling, G. L. and Wilson, J. Q. (1982) Broken windows: The police and neighborhood safety. *Atlantic Monthly*. http://www.theatlantic.com/magazine/archive/1982/03/broken-windows/304465/

Kharas, H. and Goertz, G. (2010) The new global middle class: A cross-over from West to East. In Li, C. (ed.) *China's emerging middle class: Beyond economic transformation*. Brookings Institution Press, Washington, D. C.

Kim, H-h. (1998) South Korea: Experiences of eviction in Seoul. In Azuela, A., Duhau, E. and Ortiz, E. (eds.) *Evictions and the right to housing: Experience from Canada, Chile, the Dominican Republic, South Africa and South Korea*. International Development Research Centre, Canada, Ottawa, Ont., pp. 199–232.

Kim, J. (2013) *Chinese labor in a Korean factory: Class, ethnicity and productivity on the shop floor in globalising China*. Stanford University Press, Stanford.

Kim, K. and Nam, Y-W. (1998) Gentrification: Research trends and arguments. *Journal of Korea Planning Association* 33(5), 8–97.

Kingsley, G. T., Johnson, J. and Pettit, K. L. S. (2003) Patterns of Section 8 relocation in the HOPE

VI program. *Journal of Urban Affairs* 25(4), 427–47.

Kong, L. (2012) Ambitions of a global city: Arts, culture and creative economy in post-crisis Singapore. *International Journal of Cultural Policy* 18(3), 279–94.

Kong, L. and O'Connor, J. (2009) *Creative economies, creative cities: Asian-European perspectives*. Springer, Dordrecht.

Kong, L. and Yeoh, B. S. A. (1994) Urban conservation in Singapore: A survey of state policies and popular attitudes. *Urban Studies* 31(2), 247–65.

Koo, H. (1991) Middle classes, democratization, and class formation: The case of South Korea. *Theory and Society* 20(4), 485–509.

Krijnen, M. and De Beukelaer, C. (2015) Capital, state and conflict: The various drivers of diverse gentrification processes in Beirut, Lebanon. In Lees, L., Shin, H. B. and López-Morales, E. (eds.) *Global gentrifications: Uneven development and displacement*. Policy Press, Bristol, pp. 285–309.

La Grange, A. and Pretorius, F. (2014) State-led gentrification in Hong Kong. *Urban Studies* DOI: 10.1177/0042098013513645

Larner, W. (2000) Neo-liberalism: Policy, ideology, governmentality. *Studies in Political Economy* 63, 5–26.

Larner, W. and Laurie, N. (2010) Travelling technocrats, embodied knowledges: Globalising privatisation in telecoms and water. *Geoforum* 41(2), 218–26.

Lee, C. K. (2008) Rights activism in China. *Contexts* 7(3), 14–19.

Lee, L. (2001) Shanghai modern: Reflections on urban culture in China in the 1930s. In Gaonkar, D. (ed.) *Alternative modernities*. Duke University Press, Durham, pp. 86–122.

Lees, L. (forthcoming) Doing comparative urbanism in gentrification studies: Fashion or progress? In Silver, H. (ed.) *Comparative urban studies*. Routledge, New York.

___ (2014a) Gentrification in the global South? In Parnell, S. and Oldfield, S. (eds.) *The Routledge handbook on cities of the global South*. Routledge, pp. 506–21.

___ (2014b) The urban injustices of New Labour's 'new urban renewal': The case of the Aylesbury Estate in London. *Antipode* 46(4), 921–47.

___ (2014c) The death of sustainable communities in London? In Imrie, R. and Lees, L. (eds.) *Sustainable London? The future of a global city*. Policy Press, Bristol, pp. 149–72.

___ (2012) The geography of gentrification: Thinking through comparative urbanism. *Progress in Human Geography* 36(2), 155–71.

___ (2008) Gentrification and social mixing: Towards an inclusive urban renaissance? *Urban Studies* 45(12), 2449–70.

___ (2004) (ed.) *The Emancipatory City: Paradoxes and possibilities?* Sage, London.

___ (2003) Super-gentrification: The case of Brooklyn Heights, New York City. *Urban Studies*

40(12), 2487–509.

___ (2000) A re-appraisal of gentrification: Towards a geography of gentrification. *Progress in Human Geography* 24, 389–408.

Lees, L. and Ley, D. (2008) Introduction: Gentrification and public policy. *Urban Studies* 45(12), 2379–84.

Lees, L., Shin, H. B. and López-Morales, E. (eds.) (2015) *Global gentrifications: Uneven development and disparity*. Policy Press, Bristol.

Lees, L., Slater, T. and Wyly, E. (2010) *The Gentrification Reader*. Routledge, London.

___ (2008) *Gentrification*. Routledge, New York.

Lefebvre, H. (2003) *The urban revolution*. Translated by Robert Bononno from the original French publication, La Révolution urbaine (1970 edn). University of Minnesota Press, Minneapolis, MN.

___ (1996) *Writings on Cities*. Translated and edited by E. Kofman and E. Lebas. Blackwell, Oxford.

Lemanski, C. (2014) Hybrid gentrification in South Africa: Theorising across southern and northern cities. *Urban Studies* 51(14), 2943–60.

Lemanski, C. and Lama-Rewal, S. T. (2013) The 'missing middle': Class and urban governance in Delhi's unauthorized colonies. *Transactions of the Institute of British Geographers* 38(1), 91–105.

Lett, D. (1998) *In Pursuit of status: The making of South Korea's new urban middle class*. Harvard University Press.

Levien, M. (2011) Special economic zones and accumulation by dispossession in India. *Journal of Agrarian Change* 11(4), 454–83.

Ley, D. (2011) Social mix in liberal and neoliberal times: Social mixing and the historical geography of gentrification. In Bridge, G., Butler, T. and Lees, L. (eds.) *Mixed communities: Gentrification by stealth?* Policy Press, Bristol, pp. 53–68.

___ (2003) Artists, aestheticisation and the field of gentrification. *Urban Studies* 40(12), 2527–44.

___ (1996) *The new middle class and the remaking of the central city*. Oxford University Press, Oxford.

___ (1994) Gentrification and the politics of the new middle class. *Environment and Planning D: Society and Space* 12, 53–74.

___ (1987) Styles of the times: Liberal and neo-conservative landscapes in inner Vancouver, 1968–986. *Journal of Historical Geography* 13(1), 40–56.

Ley, D. and Dobson, C. (2008) Are there limits to gentrification? The contexts of impeded gentrification in Vancouver. *Urban Studies* 45(12), 2471–98.

Ley, D. and Teo, S. Y. (2014) Gentrification in Hong Kong? Epistemology vs. ontology.

International Journal of Urban and Regional Research 38(4), 1286–303.

Li, L. and O'Brien K. J. (2008) Protest leadership in rural China. *The China Quarterly* 193, 1–23.

Lim, H., Kim, J., Potter, C. and Bae, W. (2013) Urban regeneration and gentrification: Land use impacts of the Cheonggye Stream restoration project on the Seoul's central business district. *Habitat International* 39, 192–200.

London Tenants Federation, Lees, L., Just Space, and Southwark Notes Archive Group. (2014) *An anti-gentrification handbook for council estates in London*. London.

López-Morales, E. (forthcoming) Gentrification in Santiago, Chile: A property-led process of dispossession and exclusion. *Urban Geography*.

＿＿ (2013a) Gentrificación en Chile: aportes conceptuales y evidencias para una discusión necesaria. *Revista de Geografía Norte Grande* 56, 31–52.

＿＿ (2013b) *Urbanismo proempresarial y destrucción creativa: un estudio de caso de la estrategia de renovación urbana en el pericentro de Santiago de Chile, 1990–2005*. Infonavit-Redalyc, México City.

＿＿ (2013c) Insurgency and institutionalized social participation in local-level urban planning: The case of PAC comuna, Santiago de Chile, 2003–5. In Samara, T., He, S. and Chen, G. (eds.) *Locating right to the city in the global South: Transnational urban governance and socio-spatial transformations*. Routledge, New York, pp. 221–46.

＿＿ (2011) Gentrification by ground rent dispossession: The shadows cast by large scale urban renewal in Santiago de Chile. *International Journal of Urban and Regional Research* 35(2), 330–57.

＿＿ (2010) Real estate market, state-entrepreneurialism, and urban policy in the 'gentrification by ground rent dispossession' of Santiago de Chile. *Journal of Latin American Geography* 9(1), 145–73.

López-Morales, E., Gasic, I., and Meza, D. (2012) Urbanismo Pro-Empresarial en Chile: Políticas y planificación de la producción residencial en altura en el pericentro del Gran Santiago. *Revista INVI*, 28(76), 75–114.

López-Morales, E., Meza, D., and Gasic, I. (2014) Neoliberalismo, regulación ad-hoc de suelo y gentrificación: El historial de la renovación urbana del sector Santa Isabel, Santiago. *Norte Grande* (58), 161–77.

López-Morales, E. and Ocaranza, M. (2012) La Victoria de Pedro Aguirre Cerda: Ideas para una renovación urbana sin gentrificación para Santiago. *Revista de Urbanismo* 27, 42–63.

Luckman, S., Gibson, C., and Lea, T. (2009) Mosquitoes in the mix: How transferable is creative city thinking? *Singapore Journal of Tropical Geography* 30(1), 7–85.

Ma, L. and Wu, F. (2005) (eds.) *Restructuring the Chinese city: Changing society, economy and space*. Routledge, London.

McCann, E. J. (2004) 'Best Places': Inter-urban competition, quality of life, and popular media discourse. *Urban Studies* 41(10), 1909–29.

___ (2008) Expertise, truth, and urban policy mobilities: Global circuits of knowledge in the development of Vancouver, Canada's 'Four Pillar' Drug Strategy. *Environment and Planning A* 40(4), 885–904.

McCann, E. and Ward, K. (2011) (eds.) *Mobile urbanism: Cities and policymaking in the global age*. University of Minnesota Press, Minneapolis.

___ (2010) Relationality/territoriality: Toward a conceptualization of cities in the world. *Geoforum* 41(4), 175–184.

McFarlane, C. (2011) *Learning the city: Knowledge and translocal assemblage*. Blackwell Publishing.

___ (2010) The comparative city: Knowledge, learning, urbanism. *International Journal of Urban and Regional Research* 34(4), 725–42.

___ (2006) Crossing borders: Development, learning, and the North–South divide. *Third World Quarterly* 27(8), 1413–437.

Maloutas, T. (2011) Contextual diversity in gentrification research. *Critical Sociology* 38(1), 33–48.

Marcuse, P. (1986) Abandonment, gentrification and displacement: The linkages in New York City. In Smith, N. and Williams, P. (eds.) *Gentrification of the city*. Unwin Hyman, London, pp. 153–77.

___ (1985a) Gentrification, abandonment and displacement: Connections, causes and policy responses in New York City. *Journal of Urban and Contemporary Law* 28, 195–240.

___ (1985b) To control gentrification: Anti-displacement zoning and planning for table residential districts. *New York University Review of Law and Social Change* 13, 931–52.

Marshall, T. (2004) (ed.) *Transforming Barcelona*. Routledge, London.

___ (2000) Urban planning and governance: Is there a Barcelona model? *International Planning Studies* 5(3), 299–319.

Marx, K. (1973) *Grundrisse: Foundations of the critique of political economy*. Penguin Books Ltd, Middlesex, England.

Marx, K. and Engels, F. (1848/1967) *The Communist Manifesto*. Penguin Books, London.

Massey, D. (2011) A counterhegemonic relationality of place. In McCann, E. and Ward, K. (eds.) *Mobile urbanism: Cities and policymaking in the global age*. University of Minnesota Press, Minneapolis, pp. 1–14.

___ (2007) *World city*. Polity, Cambridge.

___ (1993) Power-geometry and a progressive sense of place. In Bird, J., Curtis, B., Putnam, T., Robertson, G. and Tickner, L. (eds.) *Mapping the futures: Local cultures, global change*.

Routledge, London, pp. 60–70.

___ (2004) Geographies of responsibility, *Geografiska Annaler* 86B, 5–18.

Mayer, M. (2003) The onward sweep of social capital: Causes and consequences for understanding cities, communities and urban movements. *International Journal of Urban and Regional Research* 27(1), 110–32.

Mbembe, A. and Nuttall, S. (2008) 'Introduction: Afropolis', in S. Nuttall and A. Mbembe (eds.) *Johannesburg: The elusive metropolis*. Duke University Press, pp. 1–33.

Mehta, L. (2009) (ed.) *Displaced by development: Confronting marginalisation and gender injustice*. Sage, New Delhi.

Merrifield, A. (2014) *The new urban question*. Pluto Press, London.

___ (2013a) The urban question under planetary urbanization. *International Journal of Urban and Regional Research* 37(3), 909–22.

___ (2013b) *The politics of the encounter: Urban theory and protest under planetary urbanization*. University of Georgia Press.

___ (2011) *Magical marxism: Subversive politics and the imagination*. Pluto Press, London.

Mobrand, E. (2008) Struggles over unlicensed housing in Seoul, 1960–80. *Urban Studies* 45(2), 367–89.

Monclús, F. J. (2003) The Barcelona model: An original formula? From 'reconstruction' to strategic urban projects (1979–2004). *Planning Perspectives* 18, 399–421.

Moore, S. (2013) What's wrong with best practice? Questioning the typification of new urbanism. *Urban Studies* 50(11), 2371–87.

Moreno, L. (2013) The urban process under financialised capitalism. *City* 18(3), 244–68.

Morales-Cruz, M. (2012) Lawyers and 'social' movements: A story about the Puerto Rico 'Zero Evictions' coalition. http://www.law.yale.edu/documents/pdf/sela/SELA12_Morales-Cruz_CV_Eng_20120508.pdf

Mountz, A. and Curran, W. (2009) Policing in drag: Giuliani goes global with the illusion of control. *Geoforum* 40(6), 1033–40.

MovingCities (2012) Making Creative City/Urbanus workshop. 5 September: http://movingcities.org/movingmemos/making-creative-city-urbanus-workshop/

Mueller, G. (2014) Liberalism and Gentrification. *Jacobin*, 26 September, https://www.jacobinmag.com/2014/09/liberalism-and-gentrification

Municipal Dreams (2014) The Aylesbury estate, Southwark: 'State-led gentrification'? Blog entry on 14 January: http://municipaldreams.wordpress.com/2014/01/14/the-aylesbury-estate-southwark-state-led-gentrification/

Murray, M. J. (2009) Fire and ice: Unnatural disasters and the disposable urban poor in post-

Apartheid Johannesburg. *International Journal of Urban and Regional Research* 33(1), 165–92.

Myers, G. (2014) From expected to unexpected comparisons: Changing the flows of ideas about cities in a postcolonial urban world. *Singapore Journal of Tropical Geography* 35(1), 104–18.

News Guangdong (2007) Shenzhen Launches OCT-LOFT. 8 February: http://www.newsgd.com/culture/culturenews/200702080044.htm

Nijman, J. (2007) Introduction–comparative urbanism. *Urban Geography* 28(1), 1–6.

Nobre, E. (2003) Urban regeneration experiences in Brazil: Historical perspectives, tourism development and gentrification in Salvador da Bahia. *Urban Design International* 7(2), 109–24.

O'Connor, J. (2009) Shanghai moderne: Creative economy in a creative city? In Kong, L. and O'Connor, J. (eds.) *Creative economies/creative cities: Asian–European perspectives*. Springer, pp. 174–91.

O'Connor, J. and Liu, L. (2014) Shenzhen's OCT-LOFT: Creative space in the city of design. *City, Culture and Society* 5, 131–8.

Onatu, G. (2010) Mixed-income housing development strategy: Perspective on Cosmo City, Johannesburg, South Africa. *International Journal of Housing Markets and Analysis* 3(3), 203–15.

Ong, A. (2006) *Neoliberalism as an exception: Mutations of citizenship and sovereignty*. Duke University Press, Durham, NC.

Osman, S. (2011) *The invention of Brownstone Brooklyn: Gentrification and the search for authenticity in postwar New York*. Oxford University Press, Oxford.

Park, B-G. (1998) Where do tigers sleep at night? The state's role in housing policy in South Korea and Singapore. *Economic Geography* 74(3), 272–88.

Park, B-G., Hill, R. C. and Saito, A. (2012) (eds.) *Locating neoliberalism in East Asia: Neoliberalizing spaces in developmental states*. Wiley-Blackwell, Chichester.

Parnell, S. (1997) South African cities: Perspectives from the ivory tower of urban studies. *Urban Studies* 34(5–6), 891–906.

Parnreiter, C. (2011) Strategic urban planning: Towards the making of a transnational urban policy? *GaWC Research Bulletin* 385. http://www.lboro.ac.uk/gawc/rb/rb385.html

Peck, J. (2010) *Constructions of neoliberal reason*, Oxford University Press, Oxford; New York.

___ (2005) Struggling with the creative class. *International Journal of Urban and Regional Studies* 29(4), 740–70.

___ (2003) Geography and public policy: Mapping the penal state. *Progress in Human Geography* 27, 222–32.

___ (2002) Political economies of scale: Fast policy, interscalar relations, and neoliberal workfare. *Economic Geography* 78(3), 331–60.

___ (2001) Neoliberalizing states: Thin policies/hard outcomes. *Progress in Human Geography*

25(3), 445–55.

Peck, J. and Theodore, N. (2010a) Mobilizing policy: Models, methods and mutations. *Geoforum* 41, 169–74.

___ (2010b) Recombinant workfare, across the Americas: Transnationalizing fast welfare policy. *Geoforum* 41(2), 195–208.

People's Daily (2009) 'Heaven Street' : 'Fake-over' kills business. 18 June: http://en.people.cn/90001/90782/6681213.html

Phillips, M. (2004) Other geographies of gentrification. *Progress in Human Geography* 28(1), 5–30.

___ (2002) The production, symbolization and socialization of gentrification: Impressions from two Berkshire villages. *Transactions of the Institute of British Geographers* 27(3), 282–308.

___ (1993) Rural gentrification and the process of class colonization. *Journal of Rural Studies* 9(2), 123–40.

Porter, L. (2009) Planning displacement: The real legacy of major sporting events. *Planning Theory and Practice* 10(3), 395–418.

Porteous, J. D. and Smith, S. E. (2001) *Domicide: The global destruction of home*. McGill-Queen's University Press.

Potts, D. (2011) Shanties, slums, breeze blocks and bricks: (Mis)understandings about informal housing demolitions in Zimbabwe. *City* 15(6), 709–21.

Poulantzas, N, (1975) *Classes in contemporary capitalism*. New Left Books, London.

Pradilla, E. (2008) Centros comerciales, terciarización, y privatización de lo público en la Zona Metropolitana del Valle de México. *Ciudades*, 79.

Pratt, A. (2009) Policy transfer and the field of the cultural and creative industries: What can be learned from Europe? In Kong, L. and O'Connor, J. (eds.) *Creative economies, creative cities*. Springer, Dordrecht, pp. 9–23.

Préteceille, E. (2007) Is gentrification a useful paradigm to analyse social changes in the Paris metropolis? *Environment and Planning A* 39(1), 10–31.

Prince, R. (2010) Globalising the creative industries concept: Travelling policy and transnational policy communities. *Journal of Law, Arts Management and Society* 40(2), 119–39.

Qiu, J. H. (2002) Consideration of 'gentrification' in contemporary Chinese renewal (in Chinese). *Tropical Geography* (redai dili) 22(2), 125–9.

Queiroz Ribeiro, L. (2013) *Transformações na Ordem Urbana das Metrópoles Brasileiras: 1980/2010. Hipóteses e estratégia teórico-metodológica para estudo comparativo*. Observatório das Metrópoles.

Queiroz Ribeiro, L. and dos Santos Junior, O. (2007) *As metrópoles e a questao social brasileira*. Revan, Rio de Janeiro.

Quijano, A. (1968). Dependencia, cambio social y urbanizacion en Latinoamerica. *Revista Mexicana de Sociología* 30(3), 525–70.

Raco, M. (2012) The privatisation of urban development and the London Olympics 2012. *City* 16(4), 452–60.

Rai, S. (1995) Gender in China. In Benewick, R. and Wingrove, P. (eds.) *China in the 1990s*. Macmillan Press, London, pp. 181–92.

Rao, V. (2006) Slum as theory: The South/Asian city and globalization. *International Journal of Urban and Regional Research* 30, 225–32.

Ren, X. (2013) *Urban China*. Polity, Cambridge.

___ (2008) Forward to the past: Historical preservation in globalizing Shanghai. *City and Community* 7(1), 23–43.

Ren, X. and Weinstein, L. (2013) Urban governance, mega-projects and scalar transformations in China and India. In T. Samara, S. He and G. Chen (eds.) *Right to the city in the global South: Transnational urban governance and socio-spatial transformations*. Routledge, New York, pp. 107–26.

Rerat, P. and Lees, L. (2011) Spatial capital, gentrification and mobility: Evidence from Swiss core cities. *Transactions of the Institute of British Geographers* 36, 126–42.

Revkin, A. C. (2009) Peeling back pavement to expose watery havens. *The New York Times* 16 July: http://www.nytimes.com/2009/07/17/world/asia/17daylight.html

Richardson, T. and Jensen, O. B. (2003) Linking discourse and space: Towards a cultural sociology of space in analysing spatial policy discourses. *Urban Studies* 40(1), 7–22.

Robinson, J. (2011a) Cities in a world of cities: The comparative gesture. *International Journal of Urban and Regional Research* 35(1), 1–23.

___ (2011b) The spaces of circulating knowledge: City strategies and global urban governmentality. In McCann, E. and Ward, K. (eds.) *Mobile urbanism: City policy-making in the global age*. University of Minnesota Press, Minneapolis, pp. 15–40.

___ (2011c) Comparisons: Colonial or cosmopolitan? *Singapore Journal of Tropical Geography* 32(2), 125–40.

___ (2006) *Ordinary cities: Between modernity and development*. Routledge, London.

___ (2003) Postcolonialising geography: Tactics and pitfalls. *Singapore Journal of Tropical Geography* 24, 273–89.

___ (2002) Global and world cities: A view off the map. *International Journal of Urban and Regional Research* 26, 531–54.

Rodan, G. (1992) Singapore: Emerging tensions in the 'dictatorship of the middle class'. *The Pacific Review* 5(4), 370–81.

Rodriguez, A., Martinez, E. and Guenaga, G. (2001) Uneven redevelopment: New urban policies and socio-spatial fragmentation in metropolitan Bilbao. *European Urban and Regional Studies* 8, 161–78.

Rofe, M. M. (2003) 'I want to be global': Theorising the gentrifying class as an emergent elite global community. *Urban Studies* 40(12), 2511–26.

Rojas, E. (2004). *Volver al Centro. La recuperación de áreas urbanas centrales*. BID, Washington DC.

Roller, Z. (2011) Vila Autódromo favela resists eviction in Rio. *The Rio Times*, 11 October: http://riotimesonline.com/brazil-news/rio-politics/vila-autodromo-favela-resists-eviction-in-rio

Rose, D. (1984) Rethinking gentrification: Beyond the uneven development of marxist urban theory. *Environment and Planning D: Society and Space* 2, 47–74.

Ross, A. (2007) Nice work if you can get it: The mercurial career of creative industries policy. In Lovink, G. and Rossiter, N. (eds.) *My creativity reader: A critique of creative industries*. Institute of Network Cultures, Amsterdam, pp. 17–40.

Roy, A. (2009) The 21st century metropolis: New geographies of theory. *Regional Studies* 43, 819–30.

___ (2005) Urban informality: toward an epistemology of planning. *Journal of the American Planning Association*, 71(2), 147–58.

___ (2003) Paradigms of propertied citizenship: Transactional techniques of analysis. *Urban Affairs Review* 38, 463–91.

Roy, A. and Ong, A. (2011) (eds.) *Worlding cities: Asian experiments and the art of being global*. Wiley-Blackwell.

Ruiz-Tagle, J. (2014) Bringing inequality closer: A comparative urban sociology of socially diverse neighborhoods. Unpublished PhD thesis, Illinois University of Chicago.

Sakızlıoğlu, N. B. and Uitermark, J. (2014) The symbolic politics of gentrification: The restructuring of stigmatized neighborhoods in Amsterdam and Istanbul. *Environment and Planning A* 46, 1369–85.

Salomón, M. (2009) Local governments as foreign policy actors and global cities network-makers: The cases of Barcelona and Porto Alegre. *GaWC Research Bulletin* 305. http://www.lboro.ac.uk/gawc/rb/rb305.html

Samara, T., He, S. and Chen, G. (2013) (eds.) *Right to the city in the Global South: Transnational urban governance and socio-spatial transformations*. Routledge, New York.

Sandroni, P. (2011) Recent experience with land value capture in São Paulo, Brazil. *Land Lines* 23(3), 14–19.

Sangal, S., Nagrath, S. and Singla, G. (2010) The alternative urban futures report – urbanization and sustainability in India: An interdependent agenda. Mirabilis Advisory (see http://assets.

wwfindia.org/downloads/urbanisation_report.pdf)

Sassen, S. (2006) *Cities in a world economy*. Pine Forge Press.

Satiroglu, I. and Choi, N. (2015) (eds.) *Development-induced displacement and resettlement: New perspectives on persisting problems*. Routledge, Oxford.

Schill, M. and Nathan, R. (1983) *Revitalizing America's cities: Neighborhood reinvestment and displacement*. State University of New York Press, Albany.

Schindler, S. (2015) Governing the twenty-first century metropolis and transforming territory. *Territory, Politics, Governance* 3(1), 7–26.

Schulman, S. (2012) *The gentrification of the mind: Witness to a lost imagination*. University of California Press.

Schumpeter, J. A. (1976) *Capitalism, Socialism and Democracy*. Routledge, London.

Sekularac, I. (2015) Serbia seals deal with Abu Dhabi developer for controversial Belgrade makeover. *Reuters* 26 April: http://uk.reuters.com/article/2015/04/26/uk-serbia-emirates-belgrade-idUKKBN0NH0I920150426

Sengupta, U. (2013) Inclusive development? A state-led land development model in New Town, Kolkata. *Environment and Planning C: Government and Policy* 31(2), 357–76.

Sennett, R. (1998) *The corrosion of character: The personal consequences of work in the new capitalism*. W. W. Norton and Company, New York.

Seo, J. and Chung, S. (2012) Impact of entrepreneurship in the public sector: Cheonggye Stream Restoration Project in the Seoul metropolitan city. *Asia Pacific Journal of Public Administration* 34(1), 71–93.

Seoul Municipal Government (1991) Research report on housing policy for the urban poor in Seoul (in Korean: Seoul-si Jeosodeugcheung-ui Jutaegjeongchaeg-e Gwanhan Yeongu Bogo). Seoul Municipal Government, Seoul.

Shao, Q. (2013) *Shanghai gone: Domicide and defiance in a Chinese megacity*. Rowman and Littlefield, Lanham, MD.

Shaw, W. (2011) Gentrification without social mixing in the rapidly urbanising world of Australasia. In Bridge, G., Butler, T. and Lees, L. (eds.) *Mixed communities: Gentrification by stealth?* Policy Press, Bristol, pp. 43–52.

Sheppard, E. and Leitner, H. (2010) Quo vadis neoliberalism? The remaking of global capitalist governance after the Washington Consensus. *Geoforum* 41(2), 185–94.

Shih, M. (2010) The evolving law of disputed relocation: Constructing inner-city renewal practices in Shanghai, 1990–2005. *International Journal of Urban and Regional Research* 34(2), 350–64.

Shin, H. B. (2015) Urbanization in China, In Wright, J. (ed.) *International Encyclopedia of Social and Behavioral Sciences* (2nd edn). Elsevier, pp. 973–9.

___ (2014a) Contesting speculative urbanisation and strategising discontents. *City* 18(4–5), 509–16.

___ (2014b) Urban spatial restructuring, event-led development and scalar politics. *Urban Studies* 51(14), 2961–78.

___ (2013) The right to the city and critical reflections on China's property rights activism. *Antipode* 45(5), 1167–89.

___ (2012) Unequal cities of spectacle and mega-events in China. *City* 16(6), 728–44.

___ (2010) Urban conservation and revalorisation of dilapidated historic quarters: The case of Nanluoguxiang in Beijing. *Cities* 27 (Supplement 1), S43–S54.

___ (2009a) Property-based redevelopment and gentrification: The case of Seoul, South Korea. *Geoforum* 40(5), 906–17.

___ (2009b) Residential redevelopment and entrepreneurial local state: The implications of Beijing's shifting emphasis on urban redevelopment policies. *Urban Studies* 46(13), 2815–39.

___ (2009c) Life in the shadow of mega-events: Beijing Summer Olympiad and its impact on housing. *Journal of Asian Public Policy* 2(2), 122–41.

___ (2008) Living on the edge: Financing post-displacement housing in urban redevelopment projects in Seoul. *Environment and Urbanization* 20(2), 411–26.

___ (2006) Transforming urban neighbourhoods: limits of developer-led partnership and benefit-sharing in residential redevelopment, with reference to Seoul and Beijing. PhD thesis, The London School of Economics and Political Science.

Shin, H. B. and Kim, S-H. (2015) The developmental state, speculative urbanisation and the politics of displacement in gentrifying Seoul. *Urban Studies* DOI: 10.1177/0042098014565745

Shin, H. B. and Li, B. (2013) Whose Games? The costs of being 'Olympic citizens' in Beijing. *Environment and Urbanization* 25(2), 549–66.

Shin, H., Lees, L. and López-Morales, E. [guest editors] (special issue) (2016) Locating Gentrification in East Asia, *Urban Studies*.

Sidaway, J., Woon, C. Y. and Jacobs, J. (2014) Planetary postcolonialism. *Singapore Journal of Tropical Geography* 35(1): 4–21.

Sigler, T. and Wachsmuth, D. (2015) Transnational gentrification: Globalisation and neighbourhoood change in Panama's Casco Antiguo. *Urban Studies* DOI: 10.1177/0042098014568070

Simone, A. (2004) *For the city yet to come: Changing life in four African cities.* Duke University Press, Durham, NC.

Singerman, D. and Amar, P. (2006) (eds.) *Cairo Cosmopolitan: politics, culture and urban space in the new Middle East.* AUC Press, Cairo.

Slater, D. (2010) *Ordering power: Contentious politics and authoritarian Leviathans in Southeast Asia.* Cambridge University Press.

Slater, T. (2015) Planetary rent gaps. *Antipode* DOI: 10.1111/antl.12185.

___ (2010) Still missing Marcuse: Hamnett's foggy analysis in London town. *City* 14(1), 170–79.

___ (2006) The eviction of critical perspectives from gentrification research. *International Journal of Urban and Regional Research* 30(4), 737–57.

Smith, D. P. (2005) 'Studentification': The gentrification factory? In Atkinson, R. and Bridge, G. (eds.) *Gentrification in a global context: The new urban colonialism.* Routledge, Oxford, pp. 72–89.

Smith, N. (2008) *Uneven development: Nature, capital and the production of space* (3rd edn). University of Georgia Press.

___ (2002) New globalism, new urbanism: Gentrification as global urban strategy. *Antipode* 34(3), 427–50.

___ (2000) Gentrification. In Johnston, R. J., Gregory, D., Pratt, G. and Watts, M. (eds.) *The dictionary of human geography* (4th edn). Blackwell, Oxford, pp. 294–5.

___ (1996) *The new urban frontier: Gentrification and the revanchist city.* London and New York: Routledge.

___ (1982) Gentrification and uneven development. *Economic Geography* 58(2), 139–55.

___ (1979) Toward a theory of gentrification: A back to the city movement by capital not people. *Journal of the American Planning Association* 45, 538–48.

Smolka, M. (2013) *Implementing value capture in Latin America: Policies and tools for urban development.* Policy Focus Report Series. Lincoln Institute of Land Policy, Cambridge, MA.

Souza, M.L.De. (2015) From the 'right to the city' to the right to the *planet. City* 19(4), 408–43.

Spivak, G. (2003) *Death of a discipline.* Columbia University Press, New York.

___ (1993) *Outside in the teaching machine. Routledge,* London.

___ (1985) Three women: Texts and a critique of imperialism. *Critical Inquiry* 12, 43–61.

Steinberg, F. (2001) *Planificación Estratégica Urbana en América Latina: Experiencias de Construcción y Gestión del Futuro.* SINPA, Santa Cruz de la Sierra, Bolivia.

Swanson, K. (2010) *Begging as a path to progress: Indigenous women and children and the struggle for Ecuador's urban spaces.* University of Georgia Press, Atlanta.

___ (2007) Revanchist urbanism heads south: The regulation of indigenous beggars and street vendors in Ecuador. *Antipode* 39(4), 708–28.

Sýkora, L. (1996) Economic and social restructuring and gentrification in Prague. *Geographica* 37, 71–81.

___ (1993) City in transition: The role of the rent gap in Prague's revitalization. *Tijdschrift voor Economisce en Sociale Geografie* 84(4), 281–93.

Tang, W-S. (2008) Hong Kong under Chinese sovereignty: Social development and a land (re) development regime. *Eurasian Geography and Economics* 49(3), 341–61.

Tang, W-S. and Chung, H. (2002) Rural–urban transition in China: Illegal land use and construction. *Asia Pacific Viewpoint* 43, 43–62.

Teppo, A. and Millstein, M. (2015) The place of gentrification in Cape Town. In Lees, L., Shin, H. B. and López-Morales, E. (eds.) *Global gentrifications: Uneven development and displacement.* Policy Press, Bristol, pp. 419–40.

Tomba, L. (2004) Creating an urban middle class: Social engineering in Beijing. *The China Journal* 51, 1–26.

Tsai, M-C. (2001) Dependency, the state and class in the neoliberal transition of Taiwan. *Third World Quarterly* 22(3), 359–79.

UN Habitat (2013) *Streets as public spaces and drivers of urban prosperity.* UN Habitat, Nairobi.

___ (2003) *The challenge of slums – Global report on human settlements 2003.* UN Habitat, Nairobi.

Urry, J. (2007) *Mobilities.* Polity, Cambridge.

Vainer, C., Bienenstein, R., Tanaka, G., De Oliveira, F. and Lobino, C. (2013) O plano popular da Vila Autódromo, uma experiência de planejamento conflitual. *Anais, Encontros Nacionais da ANPUR* 15.

Velásquez Atehortúa, J. (2014) Barrio women's invited and invented spaces against urban elitisation in Chacao, Venezuela. *Antipode* 46(3), 835–56.

Vicario, L. and Monje, P. (2003) Another 'Guggenheim effect'? The generation of a potentially gentrifiable neighbourhood in Bilbao. *Urban Studies* 40(12), 2383–400.

Vigdor, J. (2002) Does gentrification harm the poor? In Gale, W. G. and Pack, J. R. (eds.) *Brookings-Wharton Papers on urban affairs*, pp. 133–73.

Visser, G. and Kotze, N. (2008) The state and new-build gentrification in Central Cape Town, South Africa. *Urban Studies* 45(12), 2565–93.

Wacquant, L. (2007) Territorial stigmatization in the age of advanced marginality. *Thesis Eleven* 91(1), 66–77.

Wacquant, L., Slater, T. and Pereira, V. B. (2014) Territorial stigmatization in action. *Environment and Planning A* 46, 1270–80.

Wai, A. W. T. (2006) Place promotion and iconography in Shanghai's Xintiandi. *Habitat International* 30(2), 245–60.

Walker, D. (2008) Gentrification moves to the global south: An analysis of the Programa de

Rescate, a neoliberal urban policy in Mexico City's Centro Histórico unpublished PhD thesis, University of Kentucky.

Walker, R. (2015) Building a better theory of the urban: A response to 'Towards a new epistemology of the urban?' *City* 19(2–3), 183–91.

Wang, J. and Lau, S. (2009) Gentrification and Shanghai's new middle-class: Another reflection on the cultural consumption thesis. *Cities* 26(2), 57–66.

Wang, S. W-H. (2011) The evolution of housing renewal in Shanghai, 1990–2010: A 'socially conscious' entrepreneurial city? *International Journal of Housing Policy* 11(1), 51–69.

Wang, Y. P., Wang, Y. and Wu, J. (2009) Urbanization and informal development in China: Urban villages in Shenzhen. *International Journal of Urban and Regional Research* 33(4), 957–73.

Ward, K. (2009) Toward a relational comparative approach to the study of cities. *Progress in Human Geography* 34(4), 471–87.

___ (2008) Capital and class. In Hall, T., Hubbard, P. and Short, J. R. (eds.) *The Sage Companion to the City*. Sage Publications, Los Angeles, pp. 109–22.

Ward, P. (1993) The Latin American inner city: Differences of degree or of kind? *Environment and Planning A* 25(8), 1131–60.

Warde, A. (1991) Gentrification as consumption: Issues of class and gender. *Environment and Planning D* 9, 223–32.

Watson, V. (2014) African urban fantasies: Dreams or nightmares? *Environment and Urbanization* 26(1), 215–31.

Watt, P. (2009) Housing stock transfers, regeneration and state-led gentrification in London. *Urban Policy and Research* 27(3), 229–42.

Weber, R. (2002) Extracting value from the city: Neoliberalism and urban redevelopment. *Antipode* 34(3), 519–40.

Wilson, W. J. (1987) *The truly disadvantaged: The inner city, the underclass, and public policy*. University of Chicago Press, Chicago.

Winkler, T. (2009) Prolonging the global age of gentrification: Johannesburg regeneration policies. *Planning Theory*, 8(4), 362–81.

Woo-Cumings, M. (1999) (ed.) *The developmental state*. Cornell University Press, New York.

Wright, M. (2014) Gentrification, assassination and forgetting in Mexico: A feminist Marxist tale. *Gender, Place and Culture* 21(1), 1–16.

Wu, F. (2004) Residential location under market orientated development: The process and outcomes in urban China. *Geoforum* 35, 453–70.

___ (2002) Sociospatial differentiation in urban China: Evidence from Shanghai's real estate markets. *Environment and Planning A* 34(9), 1591–615.

___ (2000) The global and local dimensions of place-making: Remaking Shanghai as a world city. *Urban Studies* 37(8), 1359–77.

Wu, F. and Zhang, J. (2007) Planning the competitive city-region: The emergence of strategic development plan in China. *Urban Affairs Review* 42(5), 714–40.

Wyly, E. and D. Hammel (1999) Islands of decay in seas of renewal: Housing policy and the resurgence of gentrification. *Housing Policy Debate* 10, 4: 711–71.

Wyly, E., Newman, K., Schafran, A. and Lee, E. (2010) Displacing New York. *Environment and Planning A* 42, 2602–23.

Yang, J. (2010) The crisis of masculinity: Class, gender, and kindly power in post-Mao China. *American Ethnologist* 37(3), 550–62.

Yang, Y-R. and Chang, C-h. (2007) An urban regeneration regime in China: A case study of urban redevelopment in Shanghai's Taipingqiao area. *Urban Studies* 44(9), 1809–826.

Yeoh, B. S. A. and Huang, S. (1996) The conservation-redevelopment dilemma in Singapore: The case of the Kampong Glam historic district. *Cities* 13(6), 411–22.

Yeung, H. W-c. (2009) Regional development and the competitive dynamics of global production networks: An East Asian perspective. *Regional Studies* 43(3), 325–51.

___ (2000) State intervention and neoliberalism in the globalising world economy: Lessons from Singapore's regionalisation programme. *The Pacific Review* 13(1), 133–62.

Yip, N-m. and Jiang, Y. (2011) Homeowners united: The attempt to create lateral networks of homeowners' associations in urban China. *Journal of Contemporary China* 20, 735–50.

Zhang, J. (1997) Informal construction in Beijing's old neighbourhoods. *Cities* 14(2), 85–94.

Zhang, J. and Peck, J. (2014) Variegated capitalism, Chinese style: Regional models, multi-scalar constructions. *Regional Studies* DOI: 10.1080/00343404.2013.856514

Zhang, L. (2010) *In search of paradise: Middle-class living in a Chinese metropolis*. Cornell University Press, Ithaca, New York.

Zhang, Y. (2013) *The fragmented politics of urban preservation: Beijing, Chicago, and Paris*. University of Minnesota Press, Minneapolis.

Zhang, Y. and Weismann, G. (2006) Public housing's Cinderella: Policy dynamics of HOPE VI in the mid-1990s. In Bennett, L., Smith, J. L. and Wright, P. A. (eds.) *Where are poor people to live? Transforming public housing communities*. M. E. Sharpe, New York, pp. 41–67.

Zukin, S. (2010) *Naked city: The death and life of authentic urban places*. Oxford University Press, New York; Oxford.